Remo Valentin Zynik

AF140015

Feder und Tinte

Lyrik

Für alle, die mich begleiten und begleiteten,
mich inspirierten und unterstütz(t)en!

Vorwort

Geschichten, die das Leben schreibt. Wort für Wort, Tag um Tag, Kapitel um Kapitel. Jeder Tag ein neu beschriebenes Blatt in der eigenen individuellen Geschichte seines eigenen Lebens.

Ich habe schon immer gerne geschrieben. Unter Beiträgen seit Jahren auch öffentlich auf verschiedensten Plattformen, aber auch davor schon privat mich somit kreativ ausgelebt mit sowas.

Anfangs mehr als kleine Gedichte, aber auch als kleine Geschichten verpackt, entwickelte es sich im Laufe der Zeit zu dem, was es jetzt ist. Die Freude daran ist nach wie vor ungebrochen.

Es wurde eine Art Ventil, wodurch ich mich freier äußern konnte. Nicht immer direkt und deutlich, sondern gerne auch verschleiert, um zusätzlichen Spielraum für Interpretationen des Einzelnen zu lassen, wodurch verschiedene Feedbacks kamen, wie sie die Texte verstanden haben. Genau das ist der Sinn der Sache, dass jeder selbst sich ungeniert die Teile herausnehmen kann, die für ihn wichtig sind, beziehungsweise jeder selbst den Freiraum hat, etwas daraus zu verstehen und für sich mitzunehmen.

Es gab im Laufe der Zeit etliche Rückmeldungen, auf ganz verschiedene Art und Weise. Fast ausschließlich positiv. Besonders erstaunt haben mich Aussagen, dass einigen meine Texte in ganz verschiedenen Situationen geholfen haben und es ihnen dadurch besser ginge! Wow! So muss das also sein, wenn man als Teil einer Band beispielsweise von Fans solche Feedbacks für die Texte bekommt.

Welch eine fantastische Wirkung, die ich so nie erwartet hätte. Und auch in der Form gar nie so geplant war. Für mich waren sie in erster Linie ein Ventil, um mich zu äußern, das Innere nach außen zu stülpen und sich ausleben zu können. Gedanken niederzubringen, kreativ zu sein und einfach Spaß daran haben. Eine zweite Persönlichkeit auch annehmen. Nur für mich selbst. Bis ich mich entschloss, auch öffentlich zu präsentieren. So entwickelte sich entsprechend auch der Wille dahingehend, den Menschen mitzuteilen, dass niemand je alleine ist mit einer Sache. Manchmal eine versteckte Botschaft, manchmal auch direkt und klar nach vorne in die Fresse. So sollte es sein. Was sich daraus entwickelte, erstaunlich!

Hier versammeln sich nun einige Sachen, die über die Jahre entstanden sind. Mal etwas ausgebessert, mal im Original und unverändert und manches noch etwas weitererzählt, sowie ganz neu entstandene Sachen. Eine bunte Mischung, die hier zusammenkommt. Die Entscheidung, ältere Sachen leicht zu ändern, zu erweitern oder auszubessern liegt darin, dass sie einen etwas frischeren Anstrich durchaus vertragen konnten. Die Aussage und Message dahinter sind selbstverständlich unverändert.

Die Message dahinter war schon immer das Entscheidende! Egal, wer die Ausführungen wie versteht, es ist schon immer das schönste

Kompliment gewesen, wenn sich jemand die Mühe und Gedanken gemacht hat, sich etwas daraus zu interpretieren. So konnte jeder von uns etwas gewinnen! Wichtig war dabei auch schon immer, dass kein Text, ob kurz, ob lang, ohne Bedeutung steckt. Etwas steckt immer dahinter! Dabei geht es nicht nur um meine eigenen Gedanken, Gefühle, Meinungen, etc., es sind auch jene von anderen Menschen, deren Geschichten und Erzählungen mich inspiriert haben. Mir wurde so viel erzählt und anvertraut, dafür bin ich unendlich dankbar! Ihr habt mich inspiriert! Eure Geschichten sei ein Teil von mir, die Zeit mit euch, all die unfassbar tiefgründigen Gespräche! Die dunkle Medaille des Lebens, wie man sie selbst auch kennt. Danke, für all die Zeiten mit euch! Ich werde sie immer im Herzen tragen!

Wie gesagt, was sich am Ende jeder selbst daraus interpretiert, soll auch im Ermessen jeden Einzelnen bleiben. Zur Not kann das Buch ebenfalls zum Heizen dienen in der kalten Winterzeit. Es wird seinen Nutzen finden. Ganz nach deinem Belieben.

Ich zielte zudem nie darauf ab, irgendein Maß an Perfektion zu erreichen! Wäre es erreicht, wo sollte es dann noch hingehen? Ich habe es immer so gehandhabt, wie ich es für richtig und angemessen hielt und so soll es auch bleiben.

Das Leben ist eine einzige ununterbrochene Reise, dessen Ziel bei jedem gleich ist und wir sind nur Spielfiguren im Universum. Die Erde, unser Spielbrett. Niemand von uns wird Sieger sein. Nur der Tod. Wir spielen so lange mit, bis wir fliegen. Und erschaffen neue Spielfiguren, damit das Spiel weitergeht, wenn wir bereits geflogen sind.

Und auf dieser Reise, erleben wir so vieles, kein Tag würde unbeschrieben bleiben. Um unser aller Leben ranken sich Geschichten, egal, wie lange es währt.

So fahren wir stets auf der See, im weiten Ozean treiben wir hinaus. Durch Sturm und Wind und ruhigen Gewässern, bis wir eines Tages am letzten Ufer angelangt sind, wo unsere Reise ihr Ende findet. Zurück bleiben Erinnerungen und Geschichten. Und einiges davon ist hier versammelt. Das Schöne ist, dass es nicht immer eine lange Ausführung braucht, um etwas zu erzählen. Selbst die kleinsten Dinge erzählen so viel, man muss nur hinter die Zeilen schauen, um es zu erkennen. Es ist nicht immer das, was oder wie man es sagt, sondern das, was man manchmal nicht sagt. Es spricht viel mehr, als wenn man Tausende von Worten von sich gibt und im Endeffekt dennoch nichts bei rumkommt. Worte können kostbar sein, wozu sie auch stets und ständig unnötig verschwenden. Weniger ist manchmal mehr und wer versteht, oder versucht zu verstehen, der ist es, der würdig ist!

Das Leben, eine Reise. Eine einzigartige Reise. Lass die Reise auch hier beginnen. Vielleicht findest du dich auch hier wieder.

Feder und Tinte

Feder und Tinte auf altem Pergament, heilige Schrift verschlüsselter Wahrheit von Verschwiegenheit, der Offenbarung des Lebenszyklus und seiner Bedeutung.

Auf der endlosen Suche nach der Prophezeiung des Daseins und ihrem Sinn. Sie ist der Schlüssel für alles, was das Leben birgt.

Freiheit

Über den Dächern der Stadt, frischer Abendwind durch die Flügel gleitet, erscheint die Welt so klein und nichtig.

Die Freiheit der Seele Glückes, Momentum der Zeit, schlägt die Realität mit geballter Faust zu.

Nur ein Atemzug, nicht länger als ein Wimpernschlag, bevor der unaufhaltsame tiefe Fall seinen Lauf nimmt und hart auf die kalte Oberfläche aufprallen lässt. Ohne Erbarmen wird dem Ganzen ein abruptes Ende gesetzt.

Im einen Moment noch schwerelos schwelgend wie ein freier Adler, im nächsten Moment schon wieder dem kalten Dasein der echten Welt fristend. Nur ein Moment von kurzer Dauer, wäre er doch nur den gleichen Moment lang länger geblieben.

Was von kurzer Dauer, muss nicht einmalig bleiben. Der nächste Flug muss nicht länger warten, als gewartet werden möchte. Die Entscheidung trägt man selbst.

Schattengestalt

Nur eine Silhouette in der Masse der Gesellschaft. Unbemerkt klafft dort ein Loch. Nur ein Geist, der sich einen neuen Körper suchte, um ihn zu bewohnen. Ein neues Heim für den Aufenthalt auf Erden.

Zarte Schattengestalt, die unbeachtet zwischen der Menge umherwandelt, als sei sie ein Fremdkörper in dieser Welt.

Unerkannt, unbemerkt und unbeachtet streift sie auf dieser Erde im faden Glanz der Welt. Kleine Schatten voraus, vermischen sich mit all den anderen. Sie bilden eine Einheit, sind nicht voneinander zu unterscheiden.

Dort, wo kein Licht hinfällt, wird niemand je die Schatten achten. Wie Aussätzige. Wird durch die große Masse das Ende eingeläutet. Schöne Welt, dein Ende sind wir selbst.

Maskenhaft

Gefangen. Eingesperrt. Versteckt. Wie auf einem Maskenball. Das Gesicht verschleiert in einem Gefängnis aus Stahl. Hinter kalten Gittern liegt es verborgen, niemand wird es jemals mehr sehen.

Wie unter Zwang werde ich geführt, so oft ist sie zu weit gegangen, so oft verbarg sie die Wirklichkeit. Das wahre Gesicht, das wahre Antlitz verschleiert, das wahre Ich wohl für immer unentdeckt.

So oft versucht sie zu zerstören, doch mit jedem Versuch scheint sie stärker werden, ihre Gier nach Macht und Besitz, schier unbändig. Je mehr Zeit auf der Lebensuhr verstrich, desto mehr verfestigte sich das Gefängnis, indem sie mich in ihrem Bann hielt. Demütigte. Immer und immer wieder, bis sie mich am Boden hat.

Aus schmalen Schlitzen erblicke ich, doch sehen tut mich niemand. Nicht mal ich selbst, kann mich erkennen. Ein Abbild, welches ich nicht erkennen kann. Ein Trugbild, welches sich offenbart und von der äußeren Gesellschaft wahrgenommen wird, ohne je dahinter blicken zu können. Jegliche Schreie verstummen, sie werden nie gehört, als wären sie nie aus meiner Kehle gedrungen. Meine Worte verpuffen im Nichts des kalten Stahls, hallen mir wider.

Trostlos stielt sie mir im Spiegel entgegen, die finstere Fratze, mit breiten Grinsen, verspottet sie mich.

Ich schlage in alle Spiegel, um die Fratze zu vertreiben. Scherben krachen zu Boden, wieder erstrahlt ihr Antlitz in jedem noch so kleinen Stück. Der Hohn endlos. Je mehr Spiegelscherben entstehen, desto mehr werde ich verspottet. Ich höre ihr Lachen. Es gleicht dem eines Teufels.

Kann nur ich es hören?

Trage nur ich allein dieses Monster mit mir?

Auf allen Wegen begleitet sie mich, wohin ich auch gehe. Stets ist sie dabei.

Ungefragt.

Ungewollt.

Lebenslänglich verurteilt.

Nie endende Haft, aus der es kein Entkommen zu geben scheint. So sehr ich auch bemüht bin, die Gitter, dieses stählerne Gefängnis zu verlassen, desto mehr Rückschläge muss ich wohl verkraften. Mit jedem fruchtlosen Versuch schwindet die Kraft, schwindet die

Hoffnung, obwohl ich weiß, dass jedes Hoffen fatal ist, weil die Lage aussichtslos ist. Wer hat diese Strafe auferlegt? Habe ich sie denn verdient?

Teile der Freiheit verloren, keimt die Hoffnung vor sich hin, wie auf einer Intensivstation an Schläuchen und Drähten hängend, um künstlich am Leben gehalten zu werden, obwohl sie aus diesem Koma wohl nie mehr erwachen werden. Ein künstliches Leben, warten auf den Tod.

Mit meinem Mund gelogen, spricht meine Zunge eigentlich die Wahrheit, die niemals nach außen dringen wird. Das Monster, mich schon so oft betrogen, schürte vage Hoffnungen, nur um mich zurück in die eisige Finsternis zurückzuwerfen. Ihre Spielchen zerreißen mich zunehmend, ich werde immer schwächer.

Worte von meinen Lippen, die von ihr benutzt. Falsche Tatsachen verlassen sie, ich habe immer seltener Einfluss darauf.

Mein Wesen verbarg sie immer schon. Jegliche Freiheit wird ausgerottet, bis eine endgültige Unterwerfung meinerseits erfolgt.

In allen Pfützen spiegelt sich das Abbild wider, es scheint mir fremd, wie oft ich auch hinsehe. Ich springe in jede Pfütze, als sei ich ein Stein, der ins Meer geworfen wird und das klare Wasser aufwühlt, um die Fratze zu verbannen. Ich kann nicht ertragen sie zu sehen, doch sie kommt immer wieder zurück. Wo die Tropfen auch hin spritzen, sie fügen sie immer wieder zu dem alten Bild zusammen. Neuer Spott und Hohn. Oder, ist es nur das Alte, was sich jäh wiederholt.

Mit den Hufen scharrend, wartet das Monster nur darauf erneut zu wüten, nach jedem fruchtlosen Versuch sie auszumerzen. Wie angeschraubt, wie festgeklebt, lässt sie sich niemals entfernen. Jeder Versuch, würde in noch größeren Schmerzen enden.

Ausdruckslos und abgestorben liegt mein wahres Wesen verborgen, von Not geplagt im stetigen Überlebenskampf.

Sind wir alle Opfer dieses Schicksals, oder greifen diese teuflischen Mächte nur in einzelnen Fällen an?

Egal wie sehr ich mich bemühe mir einzureden, es würde alles nur ein böser Traum sein, versuche ich vergeblich aufzuwachen. Ohne Erfolg.

Ferngesteuert, in allen Fasern meines Körpers. Vielleicht ist manch eine Kapitulation ein Sieg durch die Hintertür, durch die man einen Angriff anderer Art starten kann. Wenn du deinen Feind nicht besiegen kannst, mach ihn zu deinem Freund. ...

Niemals! Lieber ergebe ich mich mit den letzten Resten an Würde, als mich so tief herabzulassen. So clever das Monster auch sein mag und die Kräfte schwinden, so wird es diesen Teil von mir niemals erobern.

Pausenlos zehrt es an den Kräften und die Aussicht auf Erfolg ist mager. Nur kleine Siege sind zu verzeichnen, wenn Spiegel brechen und Pfützen verschwimmen. Zumindest für den Moment. Zu mehr reicht es nicht. Mehr scheint nicht möglich, für den Augenblick.

Aus dem Augenwinkel entspringt eine sanfte Träne, nicht die Letzte, aber wer nur, sollte sie erkennen? Sind dies meine eigenen Augen, aus denen sie herab läuft? Gewiss. Von außen nichts zu sehen.

Nichts wird mir gewährt werden, kein Besitz darf jemals mir zuteilwerden. Ich bin fremd in meinem eigenen Leben. Mein Anblick für immer verzerrt. Nur ein dunkles Nichts. So bleibe ich wohl ungesehen, eingesperrt.

Freiheit, wohl nur eine scheinheilige Illusion, die ich in dieser Form niemals mehr erfahren werde.

Auf rauer See

Auf rauer See segelt das Schiff aufs offene Meer hinaus, zielt die ruhigen Gewässer an, um Land in sehen zu können. Welch stürmische Fahrten, wann wird es nicht so sein. Wellen schlagen ans Schiff, ein Wanken und Beben, ein Seemann weiß, wie sehr die Ozeane ihre Kraft ausleben.

In weiter Ferne, ein Stück Land, dort soll gerastet werden. Wie im Märchen, so könnte man sagen, sich eine kleine Insel erstreckt. Eine kleine, einsame Insel. So sei es, soll sie Ort einer kurzen Rast sein.

Kleine Wellen an die Füße angeschwemmt, kaltes Meerwasser auf der Haut. Sanfte Geräusche des Meeres, Krächzen der Vögel über der Insel. Wahrlich eine willkommene Abwechslung aus diesem Strom herauszukommen und der Seele ein Stück Ruhe zu geben.

Wie oft schien ein schleichender Untergang bis dato schon in Gange zu sein, doch irgendwie treibt das Schiff weiter voran auf voller Fahrt.

Mit leichten Füßen auf Erkundungstour, warmer Sand, der durch Zehen gleitet. Diese Stille, diese Freiheit, hier muss der Ort der Erlösung sein. Gewiss, hier muss es sein, wonach so lange gesucht.

Wind in den Blättern, Gezwitscher der Vögel, einzelne Knochen auf dem Boden. Nur der Ozean weiß, welch Schicksal ihnen widerfahren ist. Vielleicht ist es auch mein Schicksal, hier zu verenden.

Kann dieser Ort, etwa eine Falle darstellen? So wunderschön, so gefährlich?

Auf von Knochen gepflasterten Wegen, mit sachtem Schritt, führt der Knochenpfad durch ein dicht bewachsenes Dickicht, welches am Ende spreizend Licht birgt. Hinter dem Licht vom Glanz beseelt, offenbart sich der Ort einer Idylle. Anmutig erstreckt sich der große

Wasserfall, der in einen See mündet. Welch Oase sich auftut. Hier wird die Seele ihre Ruhe finden.

Auf rauer See, welche einer Achterbahnfahrt gleicht, ergießt sich hier jenes Glücksgefühl von Zufriedenheit, all die Sorgen, die sich vorher noch herumtrieben, fallen wie Last herab, wie Blätter von den Bäumen. Lebensfrühling hält Einzug, erblüht im vollen Glanz, keimt innerlich in ganzer Pracht.

Ein Gemisch aus Natur und Tod liegt in der Luft, die Lunge füllt sich mit seiner Luft, legt sich nieder. Wo einst Unruhe herrschte, kehrt nun Seelenheil ein, die Schwere im Herzen ausgemerzt, es muss das Paradies auf Erden sein, welches nie verlassen werden möge.

Verweilt im schönsten Nimmerland, scheint die Zeit wie stillzustehen. Ihre Existenz verblasst zunehmend. Beben erschüttert das Land, als würde ein Vulkan ausbrechen, die Erschütterung spürbar, als wäre sie in unmittelbarer Umgebung. Schöne heile Welt, welch Illusion zeigst du auf, war wohl alles nur ein fälschlicher Irrtum? Nur ein Traum?

In Flammen steht die Insel fromm, doch kein Feuer in Sichtweite. Zusammen fällt das Paradies, war es doch nur aus Stroh gebaut, es war kaum der Ort der Ewigkeit. Risse nimmt sein Antlitz, was einst so schön, gleicht immer mehr einer hässlichen Fratze. Kurz gewährt, die See braust auf, es wird Zeit, die Segel neu zu spannen, um die Fahrt fortzusetzen. Niemals wird das Lebensmeer ruhen, der Ankerwurf nur von überschaubarer Dauer, bevor es wieder auf die hohe See hinaus gehen muss. Nahtlos treibt die Zeit davon, das Schiff muss weiterfahren, die nächste wilde Fahrt wartet bereits.

Segel gesetzt treibt es aufs Meer hinaus, die Insel im Rücken versinkt in der Tiefe, wie Atlantis, verschwindet für die Ewigkeit. Verlassen und auf ewig vergessen, wird es sein, nur die Erinnerung bleibt starr zurück, mit all seinen Opfern, die gefordert wurden. Trugbild dessen, was niemals ewig währen wird. Schwarze Wolken am Firmament besiegeln jenes Schicksal, weisen den Weg voran, zum Auge des Orkans, um neues Land zu finden.

Das Paradies verbrannt zurückgelassen. Vielleicht findet sich eines Tages das Nächste.

Kleine Rose

Der Glanz scheint verdorben, Asche verflogen im Wind.

Über Grenzen wollten wir fliegen, hoch hinaus über den Dächern, wo es keine Grenzen mehr gibt, doch blieben wir am Boden. Wären wir doch nur rechtzeitig geflogen, weit weg.

Segel gesetzt, um den Atlantis zu überqueren, doch sind wir so tief gesunken, am Felsen zerschellt und am Meeresgrund das restliche Überbleibsel als Wrack langsam zusammenfällt.

Wo einst Leben herrschte, erstickt die lodernde Flamme im Nebel der Zeit. Unausweichlich schlug das Schicksal zu, ein leichter Trost, sitzen wir alle im selben Boot und treiben hinaus, auch wenn wir nicht alle zur gleichen Zeit ankommen werden.

Aus blutleeren Herzen wachsen neue Blüten heraus, wo alte starben. Verformen sich zu neuem Glanz.

Schöne Rose, deine Blätter sollten fallen, war es an der Zeit. Welk fielen sie nieder, nach und nach. Was zur Erde kam, wird zur Erde schwinden, wieder ein Teil mit ihr sein, mit ihr verschmelzen. Wo neue Blüten wachsen, da keimt auch weiter Leben.

Phönix

Lass den Phönix aus der Asche steigen, zum Gebete sei der Wunsch geäußert, wo Asche im Winde verweht, weiter Leben in entstehenden Blüten tragen möge.

Auch wenn der Frost über das Land zog und jegliche Blüten erfroren, wird die wärmende Sonne ihre Strahlen wieder ausstecken und neue Blüten entstehen lassen, solange es auch dauern möge. Verliere nicht den Glauben daran, bevor ein neues Wachstum nicht möglich sein wird.

Der Phönix wird sich erheben und zum neuen Flug ansetzen.

Menschlichkeit

Leih dein Ohr, wenn es nicht taub.

Schau in die Augen, wenn sie nicht blind.

Sprich mit klarer Zunge, wenn du nicht stumm.

Zeig Gefühle, wenn du spüren kannst.

Fühle, solange du fühlst.

Ungeschickte Briefe

Tausend Briefe niedergeschrieben, ungeschickt, doch kannst du sie spüren, tief in dir? Als würde dein Inneres sie empfangen.

Fühlst du jene Zeilen, die mit der Zeit allmählich schwächer werden, dennoch sacht von deinen Augen erblickt werden wollen, seit sie auf heiligen Pergament gefertigt wurden.

Ungeschickt verstauben sie, stumm in der Schublade. Wie ungeschickt von mir.

Zerrissen sollen sie sein, jeder einzelne ungeschickte Brief bis zur Unendlichkeit vernichtet. Im flammenden Feuer mögen ihre Einzelteile verbrennen und ihren geheimen Inhalt verschlossen, schweigend darüber Stille halten. Niemals wird je herauskommen, wessen Inhalt sie in sich trugen.

Wären sie des Wertes gut genug für deine Seele gewesen? Wären jene Worte dir gerecht geworden? Hätte seine Kraft bis zum Äußeren entfaltet?

Unendliche Fragen, ohne dass es eine Antwort darauf geben kann.

So bleiben sie ungeschickt, ach, wie ungeschickt, so verborgen und im Rauch davon getragen, wie stumm diese Worte nun auf ewig bleiben, die du nie erblicken wirst.

Des Nachts im Scheine Lunas

Des Tages Licht, die Schattenseite des Zyklus, für jene dunkle Seelen, bis die Dunkelheit sie in sich verschlingt.

So vermag die eigentlich hässliche Fratze nun vergehen, um die wahre Schönheit des Tages zu entfalten.

Hässlich wie der Tag erscheint sie beständig aufs Neue, doch vergeht sie, bis ein neuer Tageszyklus anbricht.

Kein schöneres Gesicht vermag sie sich aufzusetzen. Ihr Anblick grauenhaft, doch kaum vermeidbar.

Was Augen kläglich erblicken müssen, ist beinahe schauderhaft. Vergeblich versucht sie sich ein schöneres Gesicht sich aufzusetzen, doch was hässlich ist, wird nicht schön.

Wer des Übels Fratze erkannt, weiß die des Nachts mehr zu schätzen, während man im Scheine Lunas sich bewegt. Auch wenn sie ebenfalls keine unbefleckte Weste aufweisen kann.

Des Ritters Kampf

Auf Felde nichts ahnend, da sollt es geschehen, die Welt sollte sich völlig neu im Kreise drehen. Die Tage flogen ins Land, von einer tristen Monotonie umgeben, alles glich sich förmlich. Die Frische der Jahreszeit hielt an, keine besondere Freud, doch auch kein übergroßes Leid waren Begleiter, der Weg zog sich so dahin und irgendwie waren jene begonnene Schlachtenziele schnell erklungen. Es lohnte sich, doch lohnte es sich nicht. Den Kampf nie richtig angenommen, so ging es weiter auf langer Flur, ohne richtiges Ziel.

Unscheinbar und doch ins Auge stechend wie ein Dorn, war plötzlich der helle Schein, der sich auftat von des Weibes Wesen. Das Weib eine Göttin, oh holde Maid, ihr Anblick kaum zu ertragen. Stand sie auf dem Felde, ihr Antlitz so schön, umgeben von all den Rivalen. Welch ungeahnte Fügung des Schicksals. Als stünde das Leben von einer auf die andere Sekunde Kopf. Nichts sollte mehr so sein, wie es Bruchteile von Sekunden vorher war.

Eine neue Schlacht hatte begonnen.

Kein Wort, nur der Anblick, kein Name, nur ihr Wesen, mehr bedurfte es in diesem Momente nicht.

Diese Rose, sollte in Händen voller Ehre und Stolz gehalten und mit allen Mitteln beschützt werden. Zauberhaft geheimnisvolle Rose, ihre Farbenpracht erstaunlich schön, stach sie aus der Masse nicht hervor und doch war sie es, was die Augen betrachteten, als wäre niemand anderes vor Ort.

Vom Winde der Euphorie getragen, die Sehnsucht im Herz von erster Sekunde an, war klar, dies sei keine gewöhnliche Schlacht, dies würde zum Krieg ausarten. Alles wurde prompt zur Nichtigkeit, nur das kleine Röslein war der verfolgte Fokus. Mit Flügel und Schwert, Lanze und Schild gewappnet, zog der Ritter in die Schlacht aufs Felde, auf der Suche in Hoffnung getränkt, diese zauberhafte Maid wiederzufinden und ihr Geleit zu werden.

Wo ein Wille, da ein Weg, wenn auch unverständlich, wie sich das Schicksal so fügen konnte. Das Schicksal fügte sich passend ein, welch ein Wunder, was geschehen. Parallel liefen beide Fäden zusammen, ungeahnt voneinander.

Kein Rivale würde das Schwert überleben, wäre es vonnöten sein. Entschlossenen Willens wird der Blick scharf.

Ihre Worte, wie ein liebsames Gedicht, ihre Stimme wie ein süchtig machendes Lied, ihre braunen Augen ein Strudel, in dem man eingesogen wird. Nie zuvor wirkten solche Kräfte ein, bis zu dieser Begegnung. Als Belohnung für den Mut und den bis dato geschlagenen Kampf, sollte ihr Geleit das höchste Gut sein, welches dem Ritter zuteilwurde.

Welch Glückseligkeit ersprieß. Inmitten der grauen Alltagsmonotonie erhellte sie die Welt und füllte sie mit allerlei Farbauswahl. Ihre Lippen sanft, jeder Kuss ein Feuerwerk, so sanft. Sie entfachte das Feuer, blickte hinter die Rüstung. Welch wahrhaftiger Traum, war sie jedoch reine Realität, wo es sich so surreal anfühlte. An des Ritters Hand war sie stets gewillt zu bleiben, sollte sie gar nicht mehr von der Seite weichen.

Zwischen Freund und Feind auf dem Felde tobte stets der Krieg, selbst wenn er teils kaum wahrnehmbar war. Feuer entbrannte, blieb unbemerkt, breitete sich zunehmend aus. In Sicherheit wiegend spross die Zeit nur so vor sich hin und all die Hürden, die sich in den Weg stellten, wurden gemeinsam überwunden, wenn auch nicht völlig unversehrt.

Holde Maid, dein Wesen so besonders, es sei die größte Schlacht des Lebens.

Erblüht war die Rose, noch schöner als je zuvor, sie wurde begehrt vom Ritter. Heilig sollte sie für die Ewigkeit sein.

Zunehmend verdichtete sich die heilig gehaltene Welt, ein Sturm machte sich in weiter Ferne bereit. Recht ungeschützt dagegen war der Ritter, zu unvorsichtig ließ er jene Monate vergehen. Ein König sollte nicht Einzug halten, doch lauern überall die Gefahren und wer sein Schwert und Schild nicht wachsam hält und sein Hab und Gut stets gut gesichert im Auge behält und sich zu sehr blind leiten lässt, sieht sich schneller als geahnt im Krieg gefangen, wo die wahre Schlacht erst beginnen sollte. Jener Krieg sollte erst noch beginnen. Die Vorzeichen waren verborgen.

Hinter Nebel lagen die Fratzen versteckt, die dem Ritter nicht ganz hold. Ihre Abneigung deutlich spürbar, waren sie weit genug entfernt und doch schon so nah. Womöglich tummelten sich überall, auch im Hintergrund, die Rivalen herum, welche die Weibsgöttin abspenstig machen könnten. Was einst so stolz begann, bekam unbemerkt immer mehr Risse.

Kleine Flächenbrände entfachten sich zunehmend auf dem Schlachtfeld, aus dem Hintergrund im Dunkeln lacht der Tod, für den Ritter nicht hörbar.

Die Blütezeit war vorüber, es sollte schier sein Ende finden. Die kleine wundersame Rose nur noch ein Hauch von Welk in den Händen, ihre Farbe verblasst. Worte, ohne klare Botschaft, mit Hoffnung versehen, waren der erste Schlag gegen den Ritter, dessen Schild erheblichen Schaden davon tragen sollte.

Mit allem Übermut und Kampfeslust trat der Ritter voran aufs Schlachtfeld, gewillt nicht kampflos die erbauten Fundamente in Schutt und Asche zu sehen. Mit Schild und Schwert an der Front ging der tobende Krieg los, ein Inferno brach herein. Wie lange diese Schlacht dauerte, weiß wohl nur Gott. Endlos. Es sollte kein Ende nehmen. Vermutlich.

Worte, die niemals gesprochen, ergaben eine ganz eigene deutliche Sprache, die zu spät erkannt. Alles stand in Flammen, ein regelrechtes Flammenmeer entstand, doch trotz starker Rückschläge war das innere Empfinden und die Leidenschaft zur Eroberung erstaunlich groß. Die Siegchancen wurden schwindend geringer, tapfer versuchte er sich auf seinem hohen Ross zu halten.

Erst als gewiss, der Ritter könnte nicht der wahre König sein, brachen jene Fundamente in sich zusammen und hinterließen nichts als ein Haufen von Trümmern, vor denen er stand. Er war besiegt und fiel.

Hatte er sich selbst geschlagen, oder war es diese Schlacht zum Scheitern verurteilt?

Die Lasten so schwer auf schmalen Schultern, dass kein Wort es beschreiben kann. Des Ritters Schwert brach, das Schild wurde entzweit, was einst zum Schutze diente. Seine Rüstung zerstört, dem Sturm ausgesetzt, Kälte zieht in alle Glieder. Lodernde Flammen aller Art erloschen, nichts, was ihn noch erwärmte. Das gleißende Licht von Liebe erstarb, die Rosenblätter zur Endgültigkeit verwelkt, fielen zu Boden und zerbrachen. Das Schlachtfeld ausgebrannt.

Erblüht war die einst wunderschöne Rose, die schönste auf Erden. Mit ihr zog eine wahre Göttin, für die der Ritter all seine Kraft aufbot. Nun war er der Verlierer der Schlacht, doch der Krieg sollte nicht enden, wenn er denn je sein Ende finden wird. Je sein Ende finden kann.

Nicht nur Rüstung, Schild und Schwert zerbrach, auch das Herzchen war entzweit. In tausende, gar Millionen Teile zersplitterte es, hat sich diese Schlacht wohl kaum gelohnt. Nur noch Asche bleibt zurück, vom Winde verweht treibt sie davon. Irgendwo dort, ungewiss, dort möge sie sein, um eine Wiederkunft zu entbehren. Zumindest im Hoffnungsschleier und sei es der Tod, der auf sie wartet.

Wo auf Erden sich die Wege nochmals kreuzen werden, wird das Schicksal sein Ende finden. Wie es vorhergesehen, wird es auch geschehen.

So wie der Ritter sterben musste, voller Leid und Qual, so soll auch seine Göttin dies erfahren und der letzte Blick dem Ritter gelten.

Doch wer nicht vollkommen gestorben, zurück aufs Ross, die nächste Schlacht, sie kommt gewiss. Mit Willen und eiserner Wut wird auch dort alles gegeben.

Hundert Jahre in der Finsternis

Plötzlich wurde es Nacht. Tiefste Finsternis und Dunkelheit sollte einhalten. Das neue Schlafheim, ein Eichensarg. Neues Heim, die Dunkelheit, nur bei Nacht wird der Leib die Außenwelt erblicken. Kurz und schmerzlos und wirkungsvoll, sollen das nächste Jahrhundert von Sehnsucht geprägt sein. Diese Sehnsucht als einziger Anker.

Mein Körper blass, keine Sonne ihre Strahlen darauf ablegen wird. Darauf ablegen darf. Nur auf der Leinwand wird sie ihr Gesicht zeigen können. Erinnerungen werden der einzig Nektar sein.

Kein Geschmack erfüllt die Zunge, der Gaumen bleibt ungeliebt. Sehnsucht. Oh, schöne und quälende Sehnsucht. Nur sie allein bleibt, lässt mich ein Stück leben.

Schattenkind im Schattenreich. Ein kurzer Biss und das Schicksal war besiegelt. Das Licht sei Gift, der sicherere Tod. Ich halte mich fern.

Tag wird zur Nacht, Nacht wird zu Tag. Wie eine Fledermaus schlafe ich bei Tag, in meinem Eichensarg gebettet, bis das Licht des Tages erlischt und ich die Außenwelt erblicken kann. Der Mond am Himmel gibt mir sein Schein, der Sonnenaufgang und Sonnenuntergang bleibt mir verwehrt.

Im Fluge streife ich durch die Nacht, niemand weiß, wer ich bin, bis sie mir als Spender ungewollt dienen werden, auch wenn es so verflucht.

Dunkelromantisch schläft die Sehnsucht im Herz. Von unzähligen Schattenwesen umgeben, die dasselbe Schicksal teilen, treiben wir durch die Schönheit der Nacht, in der wir uns nur begeben können, denn anderenfalls uns das Licht tötet.

Wunderschönes Schattenwesen, mir zum Geleit, schwarze Flügel sie ziert. Erinnerst du dich, wie ein Kuss schmeckt, dann ist diese Erinnerung und diese Sehnsucht alles, was uns bleibt. Nur sie lässt uns damit leben, bevor wir innerlich sterben werden. Sie nicht unser Feind, sondern unsere einzige Verbündete.

Der Sarg schließt sich, es wird Tag. Zeit zu ruhen.

Ihr kostbares Blut mein Elixier, ihr Schicksal besiegelt für die kommende nächste Ewigkeit, werden sie von nun an mit uns sein.

Mit offen starrenden Augen schließt sich der Deckel, bis er sich öffnet wird eisige Stille uns umgeben.

Niemals am Tage mehr im Licht, wo es ist, dürfen wir nicht mehr sein. Die hässliche Fratze des Tages bleibt uns verschont, all das Schöne nur noch in der Fantasie ersichtlich, ohne dass es uns Schaden zufügen kann. Jede Nacht traumlos, der Schlaf wie im Grabe gebettet zu sein. Eine letzte Ruhestätte, doch sind wir weder lebendig noch tot, wandeln umher, gefürchtet, doch sind wir nicht die wahren Erbringer des Schreckens, welches von Vorurteilen nachgesagt wird. Wir sind nur gefangene Geschöpfe der Nacht, die nichts weiter mehr besitzen können als die Erinnerung, von der wir zehren.

Schaurig schöne Melodien erfüllen die Nacht, wenn für uns der Tag anbricht. All die Geschöpfe der Nacht, wie wunderschön sie doch sind. Lass dich nicht verführen, wenn du nicht bereit bist, in jener Dunkelheit zu weihen, es könnte dich zerbrechen und den freiwilligen Weg aus tiefsten Wunsche hinaus ins Licht hervorrufen.

Zerschlagen und zur anderen Ewigkeit verdammt, häufen sich die Trümmer all derer, die dem zu entkommen versuchten. Der Tod empfing sie voller Stolz, Lächeln zierte ihr letztes Gesicht. Einen anderen Ausweg gibt es nicht.

Niemals mehr wird diese Finsternis vergehen, welchen Weg man auch erwählt. Es gibt kein Entkommen. Die Legende besagt, dass die Liebe Retter sei, doch wartet am Ende stets der Tod. Kann denn Liebe der heilige Retter sein, nur um dann dem Schicksal trotzdem zu erliegen? Wer den Märchen glaubt, der wird versuchen, doch müssen Retter reinen und treuen Herzens sein, um den Bann zu brechen.

All die Hoffnung ist schieres Gift. Du kannst nichts töten, außer dich selbst. Der Preis, den man zahlt, gibt man sich den schwarzen

Mächten hin, ist hoch, sei dir dem gewiss. Erbarmungslos streicht die Zeit davon, gleicht ein Tag, einem ganzen Jahr.

Hundert Jahre Nacht. Welch erschreckendes Ausmaß in dieser Welt wartet. Doch so sei es. Draußen birgt das Leben nicht viel mehr, was des Herzens gut tut, zerbrochen liegt es schäbig, dann gibt es nichts mehr zu verlieren.

Das Herz, was einst erfüllt, liegt verrottet und verfault wie ein Leichnam auf dem Erdenboden, schwindet zu Staub. Blutleer und schlaff. Das alte Herz erstarb, das Neue rabenschwarz wie die Seele aller Schattenwesen. Jegliche Empfindung wie ausgesaugt, ist die dunkle Welt der Finsternis der Beginn des neuen Lebens.

Keine Sonnenstrahlen, die die Haut erwärmen dürfen, nur der Mond spendet Trost, bis er zum Heiligtum wird. Wie schlicht es klingt, ohne jegliches Empfinden, ohne Geschmack, der die Zunge vergiftet, ohne alte Lasten, um die sich im tristen Alltag gekümmert werden muss. Nur die Sorge um Nahrung, das Blut was vonnöten ist. Schöne Hälse als Vorliebe, bitter ihr Geschmack bevorzugt.

So sitzen wir vor der Leinwand und starren sie an, die Sonne, schwelgen in der Erinnerung, in der Sehnsucht baden wir uns, trinken aus den Kelchen für zusätzliche Ewigkeiten. Das Blut als Lebenselixier, wie der heilige Gral. Diese neue Welt im Reich der Schatten mit seiner Schönheit gleicht einem Triumph, der nie enden wird, hat man sich erst daran gewöhnt. Dennoch, wer die rechte Zeit verpasst, wird den echten Tod doch noch finden.

Im Gleitflug suchen wir unser Nest, hinter kalten Mauern des Friedhofes schwirren wir umher. In kalten Särgen in den heiligen Hallen nisten wir uns für den Tag ein, um bei Nacht unsere Kreise ziehen zu können. Abgelegene Höhlen dienen uns zum Schutze am Tage, zum Rückzug zur Ruhe, zum Sammeln von Kräften. Vereint und stolz treten wir in Scharen in die Nacht, beflügelt von der Sehnsucht treiben uns die Flügel zu neuen Orten. Könnt ihr uns sehen?

Liebliches Sein, diese Ewigkeit umschwebt uns, wir sind deine Untergebenen. Die Turmuhr schlägt zur Mitternacht, während wir auf Reisen sind. Ist es das wert? Der Ausweg so nahe, doch Preis enorm hoch.

Kalt

Blutrot färbt sich das Auge des Zorns, geboren durch Verrat, entfacht in ihm das Feuer des Teufels, gezeichnet von Schwäche nach all den Kämpfen.

Eine Hetzjagd auf die inneren Dämonen bricht los. Sie besitzen eine enorme Macht, die einen fast zu verschlingen droht.

Kalt wie Schnee, eine antarktische Kälte bricht herein. Dort, wo einst das schlagende Herz mit kraftvoll ohne Weiteres Blut pumpen konnte, liegt es nun unter einer dicken Schicht Eis und Schnee begraben, ausgelöst von der sich angebahnten Lawine. Langsam stirbt es den Kältetod, wird es nicht rechtzeitig gerettet.

Eingestürzt und begraben, doch noch am Leben, langsam schlagend, liegt es eingesperrt und verrichtet unter schwersten Bedingungen seine Arbeit.

Wie in einem Gefängnis eingesperrt unter den dichten Schneemassen, zieht der Kältetod mehr und mehr ins Herzen ein. Rettung in weiter Ferne.

Welch ein enormer Kraftakt, so kalt und tapfer, was kann es nur erwärmen, um das Leben zu sichern.

Finsteres Lachen der Dämonen hallt wider, als würden sie Spott und Hohn speien.

Einstig die unbändige Kraft, die im Innern wohnt, scheint zu genügen, um das Leben zu gewähren.

Zeit

Die Uhr blieb stehen, die Zeit ruhte still, als würde sie nicht mehr existieren.

Der alte Zeiger verstaubt. Wie viel Zeit mag wohl wirklich vergangen sein.

Neu instand gesetzt, läuft sie wieder. Rasend schnell schreitet sie voran. Unaufhaltsam.

Neue Zeiger, kein Staub mehr. Alles bewegt sich wieder fort.

Leises Ticken erhellt den stummen Raum, erweckt ihn zu neuem Leben. Wie ein Metronom in Moll im Takte schlagend, tanzt das kleine Herz mit der Uhr.

Luna

Oh, Luna, wie du am Himmel thronst, umgeben vom Licht der Sterne, die dein Antlitz zieren. Sprich zu mir, wenn du dein volles Rund uns entgegenstreckst.

Unter deinem Schutz möchte ich weilen. Ich sehe dich, spreche zu dir. Hörst du mich? Verstehst du meine Worte?

Nur wenige Stunden sind uns vergönnt, doch deine Anwesenheit ist deutlich spürbar, wie du dein helles Licht durch mein Fenster bringst, um mich in der Nacht zu schützen.

Dein Lächeln verborgen, doch kann ich es sehen, je länger ich zu dir starre. Was würdest du für Geschichten erzählen, von jenem, was du jede Nacht zu Gesicht bekommst. Stundenlang würde ich dir lauschen, bis du für den Morgen am Firmament verdrängt wirst.

All die Sterne, längst erloschene Kometen, stehen sie sinnbildlich für jeden geliebten Menschen, die auf uns herab sehen. Wie wir sie so doch nochmal sehen können. Eine schöne Vorstellung. So sende ich einen Gruß in den Himmel hinauf.

Ich weiß, sie sind bei dir gut aufgehoben und zusammen ergibt ihr ein einzigartiges Bild.

Stille der Leere

Ist die Stille, die in uns wohnt, Quelle des Friedens? Der Ort, aus denen wir schöpfen können, ohne ihn fälschlicherweise fürchten zu müssen?

In der Stille der Leere, dem schwarzen Nichts, dem erschreckenden Dunkel, der die Einsamkeit und Kälte unbarmherzig spüren lässt, blitzen schwache Konturen auf. Mit bloßem Auge kaum zu erkennen. Wo mag ich hier nur sein, verwirrt blicke ich rundum umher.

Angst einflößend schwirren sie umher, als würden sie mich rufen und zu sich ziehen wollen. Wie fernsteuert, bewege ich mich auf sie zu. Mit jedem Schritt scheinen sie deutlicher zu werden und gleichzeitig sich selbst weiter fortzubewegen. Sie zu erreichen wohl unmöglich, doch versuche ich es immer weiter.

Sind sie nur eine Fata Morgana, der sich mein verdurstender und müder werdender Geist in der unendlichen Wüste des Nichts einbildet?

Immer mehr Schatten fügen sich hinzu, die Silhouetten tanzen schwebend in der Gegend. Was wollen sie von mir, es ist mir ein Rätsel, welches ich lösen möchte. Wehren kann ich mich ohnehin nicht dagegen. Etwas hat mich im Griff.

Plötzlich und unerwartet tut sich ein klares Bild auf und ich wandle zielstrebig und ohne eigenen Willen auf das Gebilde zu, was immer klarer wird. Erste Ranken stoßen mir entgegen, weit verzweigtes Geäst von einem unendlich wirkenden Baumes, der das mit einem Mal das gesamte Nichts füllt. Ich fühle mich, als würde ich auf ein Heiligtum zugehen. Er muss die Energiequelle sein. Von hier aus muss wohl alles gesteuert werden. Das gesamte innere Universum.

Zwischen Zweigen und Blättern braust ein aufkommender Sturm hindurch. Völlig brachial trifft er ein und gibt eine Demonstration seiner geballten Kräfte ab. Morsche Rinde und abgebrochene Borkenstücke werden durch die Gegend katapultiert und werden zu gefährlichen Geschossen.

In einer kleinen verzweigten Ecke gut versteckt finde ich Unterschlupf, bis das Treiben vorübergezogen ist. Die Zweige, Äste und Blätter bieten guten Schutz vor Wind und herumfliegenden Rindenstücken und weiterem Geäst, welches sich gelöst hat. Der Wind pfeift sein wundersames Lied, welches nicht den Anschein macht, als tobe hier ein gewaltiger Sturm. Ich höre Stimmen in ihm, als sprechen sie zu mir.

Tatsächlich scheinen sie mich zu meinem, sie werden immer kraftvoller und ich lausche ihnen so gut ich kann. Was für schöne Stimmen an mein Ohr dringen.

Ein leiser Windhauch umfasst mich, als würden Geisterseelen, von denen die Stimmen wohl stammen, um mich herum sein und mich umgarnen. Ihr sanfter Windhauch fühlt sich wohlig und vertraut an. Als er davon zieht, gehe ich ihnen nach. Der Sturm war vorüber und das wunderschön anzusehende Bild, welches mich aus dem Nichts im Nichts erwartete war das Gleiche wie vorher, als sei nichts geschehen.

Alleine ging ich weiter des Weges auf der Suche nach Antworten, doch blieben sie mir verwehrt. Das unbehagliche Gefühl der Einsamkeit umschlich mich, fuhr wie ein kalter Schauer meinen Rücken herunter. Ich fürchtete, es könnte sich jeden Augenblick ein gewaltiger Spalt sich auftun und mich mit in die Tiefe hinab zerren.

Je weiter ich kam, desto dunkler wurde es wieder. Wie blind ertaste ich die Wege, über all die Stolpersteine hinweg. Leises Geflüster von Kreaturen, die ich nicht ausmachen konnte, kamen aus allen Ecken. Ihr Schall hallte wider und wider und wider, ließen sich aber nicht blicken. Ihre Anwesenheit war jedoch deutlich zu spüren und ich glaube, blasse Augen gesehen zu haben, die gleichzeitig wie Münder waren. Beeindruckende Bilder, die sich mir zeigen.

Augen, die wie Münder sind und doch so stumm bleiben. Nur kein näheren Blickkontakt herstellen, bevor sich in ihnen ein kalter Schlund auftut.

Stille. Pure Stille. Schwarze Finsternis. Ich drehte mich um. Nichts. Alles war still. Meine Schreie hallten wider. Verdammt, hier drin war es aussichtlos. Tief zog es mich in die Schwärze hinab. Ohne Wiederkehr.

Jeder Versuch, ein kleines Feuer zu entzünden, scheiterte kläglich. So muss ich weiter ohne irgendein Licht den Weg hinausfinden.

Tattoos

Die Haut als persönliche Leinwand. Geschichten in Haut niedergeschrieben, erzählen sie unnachahmlich und individuell, so laut und doch so still. So kraft- und bedeutungsvoll. Ein Leben in Bildern verpackt.

Bittersüßer Schmerz der Nadel, oh welch verführerische Sehnsucht, dir will ich mich hingeben. Immer und immer wieder. Dring in mich ein und gib mir mehr von meinen Memoiren, die für die Ewigkeit verharren. Sie seien ein ewiger Teil meines Daseins und werden niemals mehr vergehen. Sie sind und werden wie Kinder sein.

Lass Farbe meine unbefleckte Haut befüllen, lass Bilder für mich sprechen und niemals vergehen. Niemals mehr werde ich nackt sein.

Der Schmerz längst vergessen, die Liebe intensiv. Was wäre ich ohne euch, wegzudenken ist seit der ersten Sekunde nicht mehr möglich. Zu sehr sind wir vom ersten Moment an verbunden.

Vielleicht seid ihr nicht die Schönsten, doch ihr gehört zu mir, seit ein Teil von mir. Und werden niemals voneinander getrennt sein. Was für ein Glück mich umfängt.

Egal, was fremde Augen erspähen und fremde Zungen sprechen mögen, es hat keinerlei Bedeutung.

Hingebung

Neue Pinselstriche in der verblassten Welt, für einen neuen Anstrich. Frisches Schwarz bringt neuen dunklen Glanz, welch ein Anblick. Es raubt mir fast den Atem.

Auf dem Rücken der dunklen Magie fliege ich mit ausgebreiteten Flügeln durch die Lüfte, frei wie ein Vogel, wohin sie mich auch tragen werden. Ich lasse es zu, gebe mich frei dem hin, was mich erwartet.

Kaum noch zu warten, startet der Flug, im Gegenwind gilt es, die Sicht zu bewahren, dem Kompass folgend, der die Richtung mir weist.

Leidenschaftlich aufkommenden Ideen gilt es Folge zu leisten, es gibt keine Zeit zu verlieren, bevor der Wind sich wieder in die andere Richtung dreht.

Ein süßes Gefühl erweckt die Sinne, es brodelt förmlich vor Energie, als würde sie jeden Moment sich zu einer einzigen Quelle zusammenfinden und wie ein Urknall sich ausbreiten. Vulkanisch lodert es im Herzen, welche energetische Energie das neu entflammte Feuer entfacht. Lass den Flug beginnen, hoch hinaus, solange er währen mag.

Handlung

Sprich nicht mit falscher Zunge, es soll dich strafen.

Schau nicht mit falschen Augen, du sollst erblinden.

Äußere nicht Gefühle, die dein Herz nicht tragen. Es soll zerbrechen.

Gebe nicht aus falscher Hand, wenn du nur nehmen willst. Du sollst alles verlieren.

Höre nicht mit tauben Ohren, wenn du hören kannst. Du wirst die Wahrheit hören müssen.

Vertraue nicht, wenn du dir nicht sicher bist. Es könnte dir Konsequenzen bringen.

Verliere nicht die Vorsicht, bevor du zu viele Gefahren übersiehst.

Neu erblühen

Sehnsucht von Meeresblüte, erblühe im Salz der Träne, die vergossen im Nass des Ozeans. Unerkannt verschwimmt sie.

Möge das leichte Vergießen nicht ungesühnt und der Grund verkannt, sei es die Konsequenz aus jenem, was einst erblüht, sterben musste, damit aus dem verlorenen Keim neues Leben erwachen kann.

Abgestorben, doch im neuen Glanz aufgebahrt soll es sein. Im Schatten der Tiefe heranwachsen, neues Funkeln hinaustragen.

Durch die Erde wird stoßen, was durch liebliche Pflege ermöglicht wurde. Aus neuer Blüte wird entstehen, was geerntet werden kann. Der Lohn für all die Mühe, um dem Gedenken beizuwohnen. So fern und doch so nah, so bewundernswert und schweigsam.

Man selbst

Wieso jemand sein, der man nicht ist, wenn man jemand sein kann, der die anderen nicht sind?

Wer wir sind, liegt an uns selbst, sind wir auf der Suche nach unserem Selbst. Oft verborgen liegt vor uns eine weite Reise, doch gehen wir sie nicht, können wir nicht erfahren, wer wir wirklich sind. Oder, wer wir sein wollen. Sind wir das, was wir sind, weil wir es sein wollen?

Eine weite Reise in unser Inneres. Gepflastert von Gefahren, die Augen stets offen, um zu erkennen, was uns ausmacht. Unser Gefühl möge uns nicht täuschen. Das Herz gibt Antwort.

Vom Alltag in die Schranken gewiesen, hält sich die freie Entfaltung eher in Grenzen. Zu sehr sehen wir uns vor verschlossenen Türen stehen, umgeben von hohen Mauern, die sich wie ein Monstrum vor uns auftun. Die Türen vermögen weniger Eindruck zu gewähren.

Auch wenn die Türe verschlossen bleibt, mit Schloss und Riegel, so muss Anker und Seil her, um über die monströsen Mauern hinüberzugelangen. Keine Hürde soll das Ende der Reise darstellen, bevor das Ziel nicht erreicht.

Was in dir liegt, sei die Antwort auf die Fragen. Es sei das Ziel, welches den Weg vorgibt. Irgendwo im Verborgenen, bis es plötzlich erkenntnisvoll, wie Schuppen von den Augen fällt.

Mit klarer Erkenntnis läuft es sich deutlich einfacher. Ein befreites Inneres, ein gefundenes Selbst, wie einfach es ist. Oder sein könnte. Die Suche nach sich selbst, um zu finden, nach dem man nicht gesucht hat.

Illusionen

Von welch einer Illusion wir doch umgeben sind. Überall wo man hinschaut, tummeln sich die Illusionen zuhauf, doch niemand vermag sie zu erkennen.

Realität und Illusion verschmelzen ineinander, bilden ein schreckhaftes Trugbild, dem mehr und mehr gefolgt wird.

Was im Internet sich befindet, kann nie hundert Prozent von Echtheit zeugen, doch ist der Glaube daran oftmals ziemlich stark.

Selbst auf der Straße wird falscher Schein erbracht, um glanzlose Wahrheiten zu verbergen. Wer nicht sehen will, muss blind bleiben und die Konsequenzen dessen tragen, wenn die Wahrheit ans Tageslicht kommt. Die hässliche Wahrheit.

Von Falschheit geprägt scheint diese Welt und man selbst mittendrin, um ebenfalls die Wahrheit vor Unwürdigen zu verstecken. Sollen sie doch das Trugbild akzeptieren, was geht sie schon die Wahrheit an. Spielen wir nicht alle nur ein Spiel?

Was wäre die Welt, wenn jede Maske fallen würde und zu einem Ort der Echtheit erwachen würde? Welches Bild würde uns erwarten und wäre diese Welt überhaupt auf so etwas vorbereitet? Schließlich würde sich die gesamte Lage von Grund auf ändern.

Aber, da dieses Szenario nicht eintrifft, werden wir weiter nur eine Silhouette dessen sein, was wir nach außen vorgeben, doch eigentlich nicht sind.

Erschreckend, welch Idealen nachgeeifert wird, die in dieser Form nicht einmal existieren. Wie blind steuern viele geradewegs auf den Abgrund zu.

Silhouetten. Alles Silhouetten. Nett anzusehen. Doch was in dieser Welt ist schon echt. Wir sind viel zu sehr geblendet vom trügerischen Schein, verfallen dem durch unsere unbändige Bequemlichkeit.

Splitter

Meine Augen sehen Glas, wie das Glas in sich zerspringt. Eine Scherbe trifft das Auge, von nun an sei es blind.

Mit der Blindheit zu leben lernen, mit den Füßen das Sehen. Doch wandeln die Füße auf Scherben, hinterlassen eine Blutspur.

Mit Splittern unter der Haut auf leisen Sohlen schleichend, muss das gebliebene Auge als Sehinstrument reichen. Edles Glas, erbringe mir das Spiegelbild, welches Wahrheit zeigt.

Aus alten Scherben etwas Neues entstehen lassen, wie ein Puzzle wird Teil für Teil hinzugefügt. Gebaut auf dem alten Fundament eines Reiches, welche gescheitert zu sein scheint.

Palast aus Glas, erbaut aus alten Splittern, getränkt im Blute, geziert davon, schimmert es im Tageslicht. Restliche Fetzen von Fleisch und Haut des Auges, welches in seiner Erblindung sich regenerierte und neuen Glanz in sich trägt. Schöne Scherben. Funkeln im Licht.

Stumme Worte

Wir sagen nichts, weil wir nichts zu sagen haben. Haben verlernt zu sagen, was wir einst gesagt haben.

Haben wir es uns untersagt zu sagen, was wir sagen, was wir einst gesagt haben, weil wir das Gesagte bereits unwiderruflich gesagt haben?

Stumm bleiben die Kehlen, als wären alle Worte bereits zur Genüge ausgesprochen. Kein Wort zu viel, verstehen wir nicht, was wir sagen wollten.

Im Labyrinth

Zwischen Chaos und Wahnsinn, gefangen in einem Labyrinth. Nichts ist, wie es auf dem anderen Weg noch war. Es scheint, als würde sich alles bewegen und verschieben. Es verändert sich stetig. Der Ausweg irgendwo, sollte er überhaupt existieren.

Stille umhüllt mich. Je weiter ich vordringe, umso dunkler wird es. Noch kann ich die Hand vor Augen sehen, wie lange noch, wenn ich noch tiefer eindringe. Welch andere Wahl bleibt mir schon, wenn ich zum Ausgang dieses Labyrinths gelangen möchte, befinde ich mich ohnehin schon zu tief mittendrin.

Alles scheint miteinander zu verschmelzen, ich irre im Kreis herum. Alles ähnelt sich, überall, wo ich rauskomme, kommt mir so bekannt vor, obwohl sich alles verändert.

Gespickt von allerlei Fallen und Rätsel, die hinderlich mir im Wege liegen, demonstriert es seine Macht. Verspottet mich. Spricht förmlich zu mir, ohne zu sprechen.

Auf der Suche nach den Antworten, die mich hinausbringen mögen, verliere ich mich jedoch immer mehr in seiner Dunkelheit. Verirrt wandle ich durch die dunklen Gassen. Immer wieder sehe ich mich in Sackgassen gefangen, immer wieder die Gleichen.

Verliere ich den Verstand? Ist das eine der gefährlichen Wirkungen, die dieses Labyrinth mit sich bringt? Verflucht noch eins! Ist das eine Strafe all meiner Sünden? Ab welchen Punkt würde es beginnen und zeige ich mich voll Reue, würde es eine Lösung sein?

Wie bin ich nur hierher geraten, bin ich wie im Sog hineingespült worden. Kaum aus einem Chaos entkommen, zieht es mich wie magisch ins Nächste hinein. Bin ich etwa auch mit einem Fluch belegt. Oder ist dies Teil vom Schicksal, welches bereits vorhergesehen ist? In diesem Fall besteht keine Chance, etwas nicht dem Zufall zu überlassen und alles was passiert, soll so passieren.

Falls nicht, so sollte ich keine Zeit verlieren und ohne zurückzublicken, nach vorne gehen, um die Rätsel zu lösen, um aus dieser Misere herauszufinden. Ein langer Weg, der vor mir liegt, lagen die Ausgänge oftmals doch so nah.

Morgensonne versucht vergeblich durch den dichten Nebelschleier zu dringen. Wie lange ich schon hier bin, weiß ich nicht. Jegliches Zeitgefühl ging verloren.

Manchmal sah ich Lichter, wie am Ende eines Tunnels. Mit jedem Schritt schienen sie sich wieder weiter zu entfernen. Sind sie nur Einbildung meiner Fantasie, oder weisen sie mir die Richtung, in die ich gehen muss, als eine Art Belohnung für jedes gelöste Rätsel und jedes genommene Hindernis? Oder wartet dahinter das berüchtigte Ende?

Irgendwo liegt der Ausgang und ich werde weder ruhen noch rasten, solange ich mich in diesem Irrgarten, bevor er mich endgültig verschlingt und mich für immer gefangen hält.

Mary

Aus dem Spiegel stielt die Fratze zurück. Ihr Anblick so vertraut, doch täuschen sich die Augen. Das kann nicht die Wahrheit sein. Ein Trugbild, welches sich dort offenbart.

Hinter den Spiegeln, eine andere Welt, das finstere Gegenstück unserer. Mit jedem Blick wird es weniger glaubhaft, dass es Tatsachen entsprechen soll, was da entgegensticht.

Wandel der Zeit, wie sehr es doch verändert. Schaurig, was vom einstigen Bilde übrig bleibt und vergeht. Blasse Gestalt, sie starrt leblos entgegen. Gruselschauer rinnen den Rücken herab.

Wer mag diese finstere blasse Fratze sein, die aus dem Spiegel blickt. Altes Kind, gestorben in alter Vergangenheit. Das restliche Überbleibsel eines einstigen Seins, verkommen im Nebel vergangener Tage. Nur ein altes Abbild bleibt zurück, was nur noch im Ansatz Ähnlichkeit aufweist.

Ich kann es kaum ansehen.

Wer mag diese Gestalt nur sein, soll sie wirklich meinem Ebenbild entsprechen? Nur ein müdes Lächeln lässt sich erblicken. Glanz und Gloria längst verblasst.

Ist mein wahres Ich gefangen innerhalb der Spiegelwelt, hinter dieser finsteren Gestalt?

Oder, sehe ich mich hier konfrontiert mit dem Fluche von Bloody Mary?

Bloody Mary. Bloody Mary. Blood ... Na ja, manch Mächte möge man nicht herausfordern. Wer mit dem Feuer spielt, verbrennt sich leicht. Mächte, die nicht einzuschätzen sind, sollten nicht unterschätzt werden. Es könnte ein böses Ende nehmen.

Kunstwerk des eigenen Lebens

Auf Picasso machen, wenn man nicht einmal eines Van Goghs würdig ist, bringt eher den Stillstand in einer Sackgasse mit sich. Auf für sich selbst unwürdigen Wegen, wo man sich eher selbst der Lügerei überführt, läuft man Gefahr sich selbst zu verlieren, sollte man sich am meisten selbst vertrauen können.

Die Größe der eigenen Kunst, des eigenen Daseins und seiner Erschaffung, misst sich an sich selbst und dem, was man tut, um sich selbst gerecht zu werden.

Eigene, individuelle Kunst ist schöner, als die, die es schon gibt, weil sie einzigartig ist und bleibt. Wie das Leben eines jeden Menschen.

So sind wir alle ein einzigartiges Kunstwerk, welches erschaffen wurde und wir selbst dürfen daran mitarbeiten an dieser Vorlage, die uns gegeben wurde! Lasst uns daraus etwas machen! Jedes Kunstwerk wunderschön durch seine Individualität, auch wenn der Glanz eines Tages vielleicht verblasst. Es neu zu bearbeiten ist immer möglich!

Erinnerung

Welch schaurig schöne Melodien in den Ohren widerklingt. Zauberhaft, magisch, verführerisch, als seien die sanften Stimmen das Treibgut all dessen, wofür es einen Motor braucht.

Klänge der Stimmen verhallen, um erneut zu ertönen. Woher sie kommen, lässt sich kaum ausmachen. Von überall und nirgendwo, aus dem Nimmerland entsprungen.

Sie sind allgegenwärtig, als sei Zeit nur eine Illusion. Verblenden, als sei es das schönste Lied, was je gesungen. Nirgendwo niedergeschrieben, nur im Kopf widerhallend, eingenistet, für die Ewigkeit eingebrannt.

So vertraut jene Stimmen, wiegen sie in Sicherheit. Still ihnen gelauscht, sie sind mir so bekannt. So klar und deutlich, als sei es gestern gewesen. Niemals vergessen. Werden sie wohl je verstummen?

Wuchtiges Echo, schaurige Erkenntnis von Macht, die damit einhergeht, nicht ohne Gefahr.

Liebliche Stimme, engelsgleich flüstert sie, führen jegliche Bilder vor dem geistigen Auge hervor. Und wieder, als sei es gestern gewesen, in all der Klarheit, was sich offenbart. Klar und echt und dennoch nur in der Erinnerung. Erinnerung als höchstes Gut, was uns vermacht.

Gedankenspiele

Nur zu gern lasse ich mich in Gedanken abschweifen, ins tiefste Innere, um mich auf eine Reise in verschiedenste Themen zu begeben, die gar nicht so uninteressant sind, denkt man über den Stirnrand hinaus hinweg.

Über das Leben nachzudenken, auf anderen und tieferen Dimensionen, um etwas abzutauchen aus dem tristen Alltag und um mehr Verständnis für das Leben und Dasein zu bekommen. Hinab in die Tiefgründigkeit, die unendlich viele Fragen aufwirft, die teilweise nie komplett werden und können und unsere Vorstellungskraft übersteigt.

Alles, worin wir leben, was uns umgibt, das gesamte Universum, welches einer Unendlichkeit nachgesagt wird, erscheint uns selbstverständlich, machen wir uns keine Gedanken darüber. Obwohl dies nicht mit einer Selbstverständlichkeit abgetan werden sollte, da wir hier nur Gäste sind und es so viel gibt, was bei genauerem Nachdenken nicht uninteressant bleibt.

Aus dem Nichts, wortwörtlich und plötzlich unendlich. Allein diese Tatsache lässt sich faszinierend auf mich nieder, war ich doch nie jemand, der sich zu wissenschaftlichen Erkenntnissen besonders hinreißen ließ.

Wir sind nur Gäste, doch sind wir auch die einzigen mit vielen weiteren Lebewesen auf der Erde, die in diesem Universum existieren?

Wenn wir von einem unendlichen Universum sprechen (was für eine gewaltige Größe), so möchte ich nicht ausschließen, dass es da draußen anderes Leben gibt, wie auch immer es aussehen möge und entstehen kann. In Regionen, die wir wohl niemals erreichen werden, könnte es durchaus sein, dass so etwas wie Leben unter völlig anderen Umständen existiert.

Unter diesen Tatsachen führe ich diese Meinung. In Milliarden von Lichtjahren wäre es möglich, dass Leben existiert. Das macht es so interessant, dass diese Möglichkeiten bestehen und das in völlig anderen Umständen. Oder gibt es eine uns ähnliche Galaxie? Eine zweite Menschheit, zumindest eine ähnliche Art? Wer weiß das schon.

Somit gibt es Vieles, was bei genauerer Betrachtung plötzlich von einem ganz anderen Blickwinkel aus betrachtet werden könnte.

Für selbstverständlich sollte hier nichts angesehen werden. Ohne ausreichend Zufälle, würden wir nicht existieren. Zugleich würde all das hier nicht existieren. Auch das übersteigt die Vorstellungskraft, da es unvorstellbar ist, wie es wäre, würde man selbst gar nicht existieren, da dies in der Empfindung nicht nachzuvollziehen ist. Zumindest die Vorstellung ist interessant, würde man nach empfinden können, wie es sich anfühlt, nicht zu existieren. Gruselig und schaurig.

Regen

Pfützen spiegeln wider,
das Gesicht von Verschleierung.
Auf der Suche nach der zweiten Seite,
der Seite der Besserung.

Allein zu zweit und doch allein,
wo verbirgt sich das Gegenstück.
Zerschlagen alle Spiegel auf dem Wasser,
kehren sie doch stets wieder zurück.

Und der Regen fängt an,
und wir tanzen in ihm.
Höre niemals auf zu denken,
wenn ich gedankenverloren bin.
Spürst du diese Kraft,
die Kraft, die verbindet.
Möge sie uns lenken, uns führen, uns verbin-
den,
wie ein unsichtbares Band.
Und der Regen wird stärker,
und wir tanzen darin,
während wir verschmelzen.

Endlose Scherben prasseln herab,
ohne Schutz in die Haut eingedrungen,
hinterlassen sie ihre Spuren,
sichtbar für die Ewigkeit.

Endloses Gefängnis, kein Entkommen,
ohne Schlüssel zur Befreiung.
Eingesperrt, bis der letzte Atemzug aus der
Lunge weicht,
die Zeit abläuft,
und der Zeiger zu Boden fällt.

Und im strömenden Regen tanzen wir,
hörst du meine Gebete?
Alles wird grau,
sehe dich als Silhouette.
Lass diesen Tanz niemals enden,
halte deine Hand so fest.
Im Nebel verborgen, fernes Licht,
was die Dunkelheit aufhellt,
entschwindest du darin.

Und der Regen wird schwächer,
im Nebel das Bild.
Die Hände leer,
der Regen vorbei.

* Wenn man solche Sachen nach einigen Jahren wieder liest, kommt das ein- oder andere Schmunzeln auf. Das Schöne ist, dass es seine Bedeutung im Laufe der Zeit natürlich nicht verliert. Außerdem ist es schon schön zu lesen, was man damals so von sich gebracht hat. Dazu möchte ich eigentlich immer klarmachen, dass es um die Message dahinter geht und nicht um irgendwelche Reime, oder es besonders leserlich zu machen. Zwar lege ich nicht zwingend

den allerhöchsten Wert auf die absolute Perfektion in der Ausgestaltung, was nicht heißt, dass ich die Dinge einfach dahinrotze. Das ist natürlich nicht so. Ich finde, es macht es so authentisch, dass es manchmal so existieren darf, wie es mich überkam. *

Sinn

Im tiefen Weltall, irgendwo mittendrin befinden wir uns. In der unendlichen Weite des Universums entstand unser Leben, wie wir es heute kennen und von dem wir wissen, wie es einst begann.

Auf Erden werden wir geboren, um uns fortzupflanzen. Kann das der einstige Sinn des Lebens sein? Was ist der wahre Grund, weshalb unser Leben zum Organismus dieser Erde zugehörig ist, oder haben wir nur undenkbares Glück überhaupt zu existieren, obwohl wir für das Universum ungebräuchlich sind? Oder sind wir doch gebräuchlich? Außer die Erde zu zerstören.

Wir quälen uns durch dieses Leben in all seinen Facetten und am Ende erwartet und das helle Licht.

Wir gehen zur Erde zurück, wie wir kamen. Allein. Leben, um zu sterben. Leben in dieser Zwischenwelt, bevor die Reise unserer Seele weitergeht.

Einst, schon zu Kindheitstagen, sprachen ein alter Freund und ich schon über den Sinn des Lebens. Ich weiß es noch, als sei es gestern gewesen, wie er sagte, dass wir geboren werden, um Kinder zu kriegen und zu sterben. Welch überzeugte Worte als Kind in der 4. Klasse. Bis heute kann ich da nicht widersprechen. Die Worte klingen mir noch klar im Ohr. Danke dir, alter Freund!

Sollten wir mehr hinterfragen und das Geschenk des Lebens mehr zu schätzen wissen und daraus resultierend mehr für all das tun, was uns das Leben auf sich gewährt? Ja, es würde nicht von Nachteil sein.

Man könnte sich aber auch damit befriedigen, dass man einfach lebt und sich keinerlei ausschweifend Gedanken darüber macht. Wie man sieht, sorgen genügend Menschen dafür, dass alles zu einem ordentlichen Chaos führt.

Oder, man schließt sich aus Überzeugung einer höheren Macht an und erklärt sich darüber seinen Sinn. Den Sinn des Lebens wechselt manch einer ja praktisch wie seine Unterwäsche. Je nach Situation wird dann der Sinn ausgetauscht. Ist das dann noch Sinn? Hat der jeweilige Sinn dann noch Sinn, oder ist das alles eigentlich sinnlos?

Egal, was es für einen Sinn gibt, wenn es einen gibt, so gibt es für jeden einen.

Vielleicht liegt der Sinn darin, dass wir eines von unendlich vielen Puzzleteilen in diesem Kosmos sind. Auch, wenn es nur für eine begrenzte Zeit ist.

Erbe

Zu zersplittern scheint das Erbe. Tausende, Millionen Teile, in denen es sich aufzulösen scheint, um im ewigen Schlund zu verschwinden.

Im Zorn des Vaters all dessen, unter dem sich das Übel wohl befinden mag, kategorisiert als Schandfleck dieser Erde, aus dem all das Böse, beinahe dämonenartig, hervorgerufen wird.

Verschwimmen tut jene Existenz, als sei sie nie von irdischem Sein gewesen.

Zurück soll nun verschwinden, was den auferlegten Fluch auf Erden mit sich trug. Zurück in die finstere Welt, aus der entsprungen, um auf Erden sein Dasein zu fristen. Doch die geballten Kräfte, die sich ihm umschließen, entfachen einen energetischen Strudel, der wie ein schwarzes Loch alles in sich einzusaugen droht.

So vergehen die Gezeiten dahin, das Ende einer langsam ablaufenden Zeit, getrieben von Ungewissheit über Beständigkeit jener Existenz. Mit dem Vergehen bleibt das Erbe zurück für die restlich Hinterbliebenen.

Dämonen

Dem Dämon entgegen, aus tiefer Kehle dringen Schreie aus Feuer, als sei ein Drache erwacht.

Gefürchtete Bestie, eingenistet im Körper, verdrängt sie die Seele, die einst darin gehaust, da sie zu schwach für die enormen dämonischen Kräfte ist.

Heiliger Dämon, entschwinde hinfort. Möge deine Macht nicht länger Schaden anrichten, fremde Körper nicht dein Heim.

Auch wenn nicht alle Dämonen ein bösartiges Wesen in sich tragen, wäre es fatal sich ihnen blindlinks zu vertrauen. Zwar können sie als lange währende Begleiter wie eine Art Freunde wirken, aber sie als Freunde anzuerkennen würde einem schleichenden Tod auf Raten nahekommen. Zu gefährlich wäre es das vorhandene Misstrauen ihnen gegenüber abzulegen.

Inneres Feuer

Bring mir zurück, das Feuer, welches erlosch. Dort her, wo die Dunkelheit Einzug hält, aus dem Ort des Feuers, der heiligen Flamme der Unterwelt. Entfachen soll es sich aus tiefster Quelle, im Inneren lodern, nachdem all die Jahre der kalten Gefangenschaft ihre Spuren hinterließen.

Heiße Flamme erwärme mich, erbringe die Erlösung, werfe deine Schatten voraus. Dem Meister zur Treue gebieten sei mein Schicksal, welches mir auferlegt. Breche den Bann, der als Fluche auferlegt.

Getragen möge die Flamme sein, für alle Gezeiten. Getragen, dorthin zurück dahin, wo sie einst entstand. Die Rückkehr werde erwartet sein, neue Kraft auf mich hinüberspringen und ein Gefühl von neugeboren sein mich empfangen.

Oh, erlisch die Kälte, eine neue Zeit soll angebrochen sein. Führe mich zu neuem Glanz und Ruhme, das Alte sei tot und ungeachtet im Glanze der neuen Zeit.

Begraben sei, was nicht mehr währt.

Du, in meinen Augen

Habe dir einen Kuss gestohlen, sanft von deinen Lippen. Ich schmecke nichts, da du nur eine Silhouette bist.

Im Hauch des Schattens stehst du vor mir, meine Augen an dich gefesselt, verschwindest du in ihnen wieder.

Deine Berührung bleibt mir verwehrt, die Sehnsucht nach dir blüht wie eine Rose auf.

Voller Glanz liegst du zart in meinen Augen, auch wenn du immer mehr verschwimmst.

Blutleer

Blutleer von der Liebe zum Vampir, blutet der Sommer nicht länger aus meiner Seele.

Ihre wahre Gestalt lange unentdeckt, bis der schicksalshafte Biss erfolgte und die Dunkelheit Einzug hielt.

Gefüllte Blutkonserven seien fortan Mahlzeiten, frisches Blut aus nackten Hälsen, Fortbestand für die nächste Ewigkeit, die von der Unsterblichkeit geprägt ist.

Tod und doch am Leben, schmerzt das helle Tageslicht. Nur noch im Herzen wird es als Sehnsucht weiter existieren, seine Wärme wird nicht länger wärmend sein.

Nur des Nachts dort im Licht, wo es vom Mond ausgestrahlt. Der Glockenturm schlägt, hallt durch die Nacht und mit ihm die Stunde der Nachtgestalten.

Jener Biss prägend für alle Zeit, sollte es fortan die Zukunft radikal verändern. Auch wenn das Ereignis nicht selten zu verfluchen ist, wünsche ich es mir nicht hinfort. Ich habe das Schicksal akzeptiert.

Eingesperrt, unentdeckt

Hauch von Magie,
sacht in der Luft liegt.
Im Inneren eines Vulkans,
brodelnde Energie.

Hinter Mauern, so kahl und kalt,
vertraut und verachtet.
Gefangen im Kerker,
von Ketten aus Stahl.

Leuchte auf, kleiner Irrwicht,
erbringe dein Licht.
Zeige auf,
was im Dunkeln versteckt.

Bringe Licht in Finsternis,
die Monster seien vertrieben.
Entdeckt soll sein, das wahre Gesicht,
bevor es endgültig zerbricht.

Kapitän des Lebens

Sei der eigene Kapitän deines Lebens. Der Anker sei von deiner Hand gelegt, das Ruder fest im Griff, um das Schiff in ruhigere Gewässer zu führen.

Selbst ein drohendes Versinken sei noch nicht das Ende, solange es auf dem Meer sich bewegt.

Wo auch immer man stranden möge, verbirgt sich vielleicht ein Schatz. Und jeder Schaden kann bestmöglich repariert werden, um auf die See zurückzukehren, auch wenn keine Fahrt der anderen gleichen wird.

Egal, wie viele Stürme sich auf rauer See auftun werden, das Schiff des Öfteren an einem Riff zu zerschellen droht, wird es bis zum Schluss nicht untergehen.

Solange es nicht untergeht, das stolze Schiff, kann stets ein neuer Kurs eingeschlagen werden. Oder, ist es nur ein Boot? Ein Kanu? Ein Floß? Oder nur ein Surfbrett? Völlig gleich.

Wohin all die Reisen führen mögen, bleibt ein ungewisses Abenteuer. Einfach von den Wellen treiben lassen.

Träume - Ziele

Wer Träume hat, hat immer ein Ziel.
Wer Ziele hat, kann immer träumen.

Poesie als Ventil

Meine Poesie ist wie Mord, wunderschöne Kunst, individuell ragt sich empor.

Aus den Untiefen des Gedankenreiches entspringt das Gut, welches sich zur Außenwelt bahnt, um betrachtet zu werden.

Werke, welche jene Einzigartigkeit in sich tragen, als würde ein geschundener Leib einem perfiden Killer zum Opfer fallen, um von der Welt mit ihrer Aufmerksamkeit gewürdigt zu werden.

Von der Düsternis der Welt, von Schattenseiten, welche zu gern verleugnet und Illusionen verpackt werden, doch hier unverblümt zum Vorschein kommen. Die wahre hässliche Fratze wird sich offenbaren.

Unzählige Ventile, die sich entfalten und sich jeder nach eigenen Belieben annehmen darf. In ihrer Gesamtheit ergeben sie ein Bild, das Abbild eines ganzen Lebens. Sie fügen sich zusammen, können nicht ohneeinander existieren, nur müssen wir danach greifen.

* So hätte ich es durchaus auch im Vorwort sagen können. Damals schon erwähnte ich immer wieder zwischendrin, dass die Beiträge ein Ventil für jeden sein können und damit eine Botschaft dahinter steht. Außerdem, dass manch Missstand der Welt (in meinen Augen) angesprochen werden sollte, statt etwas unter den Teppich zu kehren oder schönzureden.

Nach all den Jahren stehe ich noch immer dazu und auch zu den Ausführungen an sich, was nicht zwingend selbstverständlich ist.

Marionetten

Die Fäden im Hhänden, von denen sie mir Überzeugung gezogen werden. Den Hütern der Norm, den Richtern und Henkern über unser aller Leben.

Hinter Vorschriften und Regeln verschanzt, lassen sie sprechen, ohne davon groß abzuweichen. Billige Marionetten sie selbst nur sind,

Sklaven, die ihre Befehle ausführen und sich vermeintlich zur stärkeren Seite bemächtigt fühlen. Sei es ihnen vergönnt, sie sind nur arme Seelen, ohne es zu merken.

Glaubt ruhig an die euch vorgeschriebene Wahrheiten und Normen, euren Regeln, denen ihr selbst unterliegt. Haltet die Marionetten in den Händen, die such blind von euch führen lassen sicher in den Händen, ergeben sie nicht das Gesamtbild der Gesellschaft.

Wer nicht folgt, wird aussortiert, bis sich wieder eingefügt und untergeben. Denn wer nicht einsam reisen möchte, schließt sich dem Schwärmen an.

Zerschnitten seien die verdammten Seile, die binden wollen. Nicht fremdbestimmt möge das Leben mit seinen Entscheidungen sein, ist man ohnehin in seiner Handlungsfähigkeit zu sehr schon eingeschränkt. Überquert man jene aufgemalte Grenzen, so bricht ein Sturmfeuer los, als sei Hochverrat begangen worden.

Auch wenn mit verachteten Augen gestarrt wird, so wiegt die Überzeugung an den eigenen Glauben und den eigenen zu gehenden Pfaden schwerer als die, die allem Anschein nach vorgeschrieben sind. Eine Kapitulation und dem damit verbunden Bruch seiner eigenen Ansichten und Ideologien würde einen tatsächlichen Verrat an sich selbst darstellen. Für dieses eine Leben ist es das wohl kaum wert. Es sei denn, die eigene Einstellung ändert sich im Laufe der Zeit.

Was kümmern schon all die kleinen Fische, mit denen man nicht schwimmen möchte. Gegen den Strom als kleiner Teil, ohne ihn würden wieder alte Szenarien ihre Gunst bekommen können und die eigene Individualität im Keim erstickt werden.

Was fremdgesteuerte Zungen sprechen, bedarf nicht mehr Ohr als vonnöten. Es bedarf nicht zu vieler Seile, die ebenfalls wie einer Gefangenschaft im Kerker gleichen, wenn man an Ketten gebunden von der Decke herab hängt.

Wo die Zeit kaum weitergelaufen zu sein scheint, da wird aufgezeigt, dass ein neues Jahrhundert längst angebrochen. Alte Regeln, alte Normen, doch wollen viele den sich darauf befindenden Staub nicht sehen. Ist das nicht das wahre Übel, keinerlei Fortschritt zuzulassen?

Wie man es auch betrachtet, jeder sei sich selbst der Nächste und soll sich bewusst sein, wie sehr man von Fäden geführt wird. Was kümmern einzelne Schicksale, ist es eine freie Entscheidung, wo es eigentlich keine freie Entscheidung richtig gibt, bis man sie sich selbst erzeugt, so gut es geht.

Sie nannten uns chancenlos, ohne Zukunft, wenn man nicht nach altem Brauch Folge leistet, als würde man eine unbeschriebene Tradition brechen.

Wie oft fielen die immer gleichen Worte von Chancenlosigkeit wie Laub von den Bäumen. Bis zum nächsten Mal, zum nächsten Mal, zum nächsten Mal. Von Anfang an. Ein deutliches Signal, wie wenig das Menschliche im Vordergrund steht, weil bevorzugt das Gesicht des Ganzen in der Welt gewahrt werden soll.

Seht hin, ihr Narren, Totgeglaubte leben länger. Ein Schwarm, der gegen den Strom schwimmt, verliert nicht seinen Kopf. Eher jene, die ihre eigenen Werte bis zum äußersten verscherbeln, um im Strom zu fließen.

Geisterfahrer überall. Wie Phönix aus der Asche werden sie sich erheben.

Mit blinden Augen sieht man schwarz, mit tauben Ohren hört man nichts, was man nicht hören möchte.

Augen auf und hingehört, falsche Moral abgelegt und die Zeiger weiterdrehen lassen.

Viele Pfade

Wie viele Pfade in Sackgassen endeten, jedoch viele Pfade, deren Rückweg nicht versperrt gewesen wäre.

Doch wo ein Pfad zu Ende ist, eröffnet sich ein neuer, der Weg zurück bedarf es oftmals nicht. Stattdessen findet er seinen Abschluss, um ihn hinter sich zu lassen.

Kein Blick zurück, aus den Augen, doch nie vergessen. Sie werden stets ein Teil des Lebens bleiben. Sie seien eine Lehre, sie seien Wissen, sie seien Erfahrung.

Im Auge des Drachen

Im Auge des Drachens spiegelt sich das eigene Antlitz wider, messerscharf blitzt es wie eine Klinge im Licht. Gefährlichkeit liegt in ihm. Der Blick kaum davon abzuwenden, läuft das Leben inmitten des fremden Auges vorbei.

In einem wahren Feuersturm untergehen, nachdem der letzte Blick ins Auge verflogen. Von einer Sekunde auf die andere, kürzer als ein Wimpernschlag, umgibt das Feuer den ganzen Leib. Heiße Flammen, schmerzvoll und unnachgiebig, werden sie das Ende sein und ihr Werk bis aufs Letzte bis zur Unkenntlichkeit verrichten.

In den Flammen tun sich Bilder auf, wie ein Zug rauschen sie vorbei. Wie gebannt daran gefesselt, wird alles rund herum ausgeblendet. Es gibt nur das Feuer. Nichts, als das Feuer und seine Flammen.

Das Herz rast schneller im ersten Moment und flacht genauso schnell wieder ab. Feuer, welches der Drache speit, ist nicht das Feuer wie man es kennt. Seine Flammen in voller Farbenpracht, umschlingt es den Körper wie ein Wirbelsturm und lässt Bilder erscheinen, die das gesamte Leben noch einmal Revue passieren lassen. Bilder der Erkenntnis.

Alles an Anspannung fällt ab. Welch ein Spektakel, durch welches der Drache quasi seine Worte spricht. Was er sagt, ist in ein hohes Maß an Inspiration, Mut und Kraft gepackt, eingewickelt in Willen.

Unvergleichlich, was sich bot. In der einen Sekunde dem Tod ins Auge geblickt, in der nächsten den Schrecken erlebt und dann von Flammen umgeben, die besonderem Dasein waren. In ihnen stand so viel, sie sprachen eine deutliche Sprache und zeigten auf, was einst war und ist.

Eine Reise zu sich selbst. Sich selbst wieder- oder neu gefunden. Zu sich selbst zurückgefunden. War man je wirklich weg? Wohl eher auf kurzen Abwegen.

Jene Momente sich eingebrannt haben, immer ein Anlaufpunkt sich daran zurückzudenken, wenn es die Zeiten erforderlich machen. Seien sie der Hafen der Erkenntnis, der Felsspalt zum rasten, während in die Ferne gestarrt wird. Was geschah, soll ewig Diener der Zukunft sein.

Monumente

Wir verblassen im Treiben der Zeit, werden zu Schatten, ungeachtet werden wir schwinden, nur noch ein Gedanke der übrig bleibt.

Alles, was einst wert, zerbröselt vor sich hin, zerfällt zu Staub, vom Winde verweht, bis auch der Letzte mit samt seiner Erinnerung vergeht und mögliche alte Geschichten eine alte Existenz aufleben lassen wird, ohne dass sich jemand erinnern kann.

Nur ein Stück Unendlichkeit in der Geschichte der Erde. Eine von Vielen. Nur die Wenigsten werden sich ein legendäres Monument errichten können, welches sich auch Jahrzehnte, vielleicht auch Jahrhunderte nach ihrem Ableben zur Sprache kommt. Einen Unterschied macht es nicht, bekommen sie davon letztendlich auch nichts davon mit.

Volle Kraft voraus

Viel zu müde, fallen die Augen zu. Schwer, sie offenzuhalten. Zu müde von der Welt, müde von all den Tagen und Nächten. Müde von Gedanken, müde von all den Kämpfen, müde von zu wenig Ruhepausen. Ist es das wirklich alles wert?

Sich zu sehr selbst geschunden für den Erfolg, währte zu kurz und wird von all den kräfteraubenden Niederlagen überschattet, die sich wie ein Vampir am Blute ergötzt.

Auf der Landkarte zum Erfolg das Ziel gesteckt, bleibt es nur ein kleiner Punkt auf der Karte, der Weg dorthin viel größer, als die Karte es aufzeigen kann. Zu viel Ehrfurcht und Respekt vor dieser Entfernung erschweren den Beginn der Reise. Ruft der Erfolg doch förmlich und das Innere schreit geradezu danach diese Reise zu beginnen, bevor der Wind sich wieder zu sehr dreht.

Volle Kraft voraus, es gibt keine Zeit zu verlieren. Mit neuer Kraft wieder weiter lautet die Devise. Müdigkeit abstreifen und dem frischen Fahrtwind entgegenschreien.

Eine wohltuende Rast, um sich der Müdigkeit für einen Augenblick hingegen zu dürfen, so enorm kraftraubend war dieser Weg schon so oft. Tiefe Augenringe sind Zeuge dessen. Sie erzählen Geschichten, die man ihnen quasi von den Augen ablesen könnte. Ungeschönt und echt. Die andere Seite der Medaille.

Karte auf, das Ziel klar definiert, gespickt mit einzelnen Zwischenstationen. Wer hoch auf den Berg will, braucht diese. Nur man selbst kann ahnen, wie hoch dieser Berg für einen selbst werden wird.

Las Vegas

Scheiß auf Las Vegas, den Fokus auf die Freiheit spürbar in den Venen fließend.

Ewiger Kampf, bis zum Ende auf dem Schlachtfeld des Lebens, sich niemals ergebend.

Für die Freiheit im Leben, für ein Leben in Freiheit. Ein Ziel für den Traum, ein Traum von Freiheit, wie er auch aussehen mag.

Zum Kampfe bereit, entschlossener Blick. Die Freiheit blüht nicht nur in Ferne, sondern dort, wo man sie gewinnt.

Fantasie

Vertrauter Sound erklingt im Ohr, liebliche Musik, die Welt verschwimmt für den Augenblick. Sorgen treten in die Ferne. Auf der Melodie gleite ich dahin.

Ziehe mich in deinen Sog, halte mich gefangen, ich möchte mich dir hingeben. Befreie mich aus der Gefangenschaft der Realität. Lege mich in Ketten, nur deine sind für mich erträglich. Ich lasse es zu, was ich vorher so gefürchtet und verachtet.

Gib mir mehr als den Moment, zum Verweilen nie genug. Viel zu schnell entschwinde ich von dir. Viel zu schnell werde ich zurückgeschleudert in kalte Realität.

Wenn der Moment doch nur bleiben würde, wo wir uns begegnen. Aber, es ist gewiss, es wird ein Wiedersehen geben. Rufe mich herbei, ich werde zu dir eilen.

Vergangen

Wir sind gestorben, um neu zu leben.

Sind gebrandmarkt von der Vergangenheit, die für alle Ewigkeit in uns weiht und uns niemals loslassen wird.

Sind verloren für alle Tage, vergangen im Vergangenem. Wo mag die Rettung sein.

Im Nebel blitzt der kalte Schein, ein letztes Flimmern von einst. Gesichter mit toten Augen starren leer vor sich hin, verblassen im grellen Licht, bis sie verschwinden, um endgültig begraben zu ruhen.

Still ist es geworden, wo früher Trubel herrschte. Die süße Bitterkeit auf der Zunge schmeckt nur noch fade nach nichts mit gewöhnungsbedürftigem Nachgeschmack.

Unvergessen seien die Kinder, die sie waren, bevor sie sterben mussten, wie es vielen zum Schicksal wurde. Kinder jeden Alters, das Alter nur eine Zahl, tragen wir innerlich alle etwas Junges noch in uns.

So entfremdet sich das Spiegelbild, doch niemand wird es merken, außer man selbst. Traue den Augen nicht.

Unvergessen, vergänglich und unwiderruflich für alle Zeiten verloren.

Kalte Tristesse

Graue Tristesse auf den Straßen der Stadt. Kalte Häuserwände, lieblose Erscheinungen, glanzloses Leuchten der Lichter. Alles versinkt im trüben Blass.

So vertraut, so bekannt, so sehr verliert es seine Farben. Wie aus fremden Augen blickend, besteht ein Versinken in graue Unansehnlichkeit.

Wenn die vertraute Umgebung selbst wie ein Gefängnis wirkt, dann ist es Zeit für einen Tapetenwechsel. Raus aus der Stadt, hinein in fremde Welten, fremde Städte, fremde Dörfer, fremde Gegenden.

Selbst Gegenden, die so scheiße aussehen, dass man eher das Gefühl bekommt, als würde innerlich der Rest noch absterben, bringen zumindest Abwechslung ins Haus. Schon weiß man das vertraute Grau mehr zu schätzen.

Als freiheitsliebender Mensch schwimmt immer ein Wunsch mit, aus dieser Tristesse, ohne nachzudenken auszubrechen und der Freiheit entgegenzugehen. Raus in die Welt, neue Gefühle erwecken lassen. Entgegen mit allem, was einen erwartet. Das nächste Chaos ruft aus der Ferne.

Zum Glück sind Träume etwas, die uns immer wieder aus unseren Alltag entreißen und in die wir uns für eine Weile flüchten können. Wir können sie individuell gestalten, egal wie absurd sie erscheinen mögen. Es spielt keine Rolle.

Man könnte auch schon alles haben und alles erlebt haben. Reich sein und sich alles leisten können. Alles erlebt und gesehen haben. Alle Berge erklommen haben, selbst den Mount Everest. Oben auf der Spitze stehen, den letzten Berg auf der Liste. Aber, was dann? Höher geht es nicht mehr. Es könnte sich jetzt jemand hinlegen auf den man sich draufstellt, vielleicht auch zwei, aber dann? Ist Schluss.

Reich sein, alles besitzen, keine Sorgen haben. Wenn etwas stört, kauft man es sich. Aber, was dann, wenn man alles hat. Gibt ja nichts mehr, was sich noch zugelegt werden könnte, wenn man die ganz Welt besitzen könnte. Definition von Glück und Freiheit würde innerlich trotzdem anders aussehen. Die Alltage wieder trist und grau werden. Wer alles hat, der kann nicht mehr bekommen, kann nichts Neues erfahren.

So etwas möchte ich auch gar nicht, kommt es eher auf die kleinen Dinge im Leben an. Zu begreifen, was es bedeutet zu leben erfährt man nicht, wenn man alles schon hat.

Wozu sich kläglich beschweren, wenn man doch dafür sorgen kann auszubrechen, sei es für ein paar Stunden. Ja, so nahe liegt der Ausweg des Tristen, bewegen wir uns mittendrin und verkennen ihn zu oft.

Mit leichten Pinselstrichen verändert sich die Umgebung schon und je öfter man pinselt, desto mehr grau wird überdeckt.

Schicksal

Das Leib erschlafft,
wird hart wie Stein,
kalt liegt er da.
Kein letzter Hauch verlässt den Mund,
alles stumm und starr.
Die Augen geschlossen zum letzten Traum,
der niemals enden wird.
Die Seele entflieht aus ihrem Heim,
sobald der Körper stirbt.

Chorgesang erklingt ganz leis,
Engel singen ihr Lied für dich.
Um willkommen zu heißen in dieser Welt,
in die nun eintrittst.
Zur Ewigkeit gewahrt,
dem neuen Weh schreitest du voran.
Die Zwischenweltuhr steht fortan still,
eine neue Zeitrechnung fängt nun an.

Eden liegt vor dir sacht,
der Tod, er weint um dich.

Tränen auf des Grabes nieder,
im Schattenlicht dein Gesicht.
Das Leben schließt seine Tore,
doch das nächste öffnet sich.
Das helle Licht deines Sterns,
auf die Erde hernieder bricht.

Verbrannt sei jener Körper,
der einst Leben in sich gewährt.
Existenz von Einzigartigkeit,
den Erdenkreis geehrt.
Der Schornstein gibt zur Welt hinaus,
was zur Erde mal gehört.
Aus dem Wiesenboden sprießt heraus,
eine Rose, die ihn ziert.

Aus Asche eine Rose heraus,
steht sie im hellen Glanz.
Welke Blüten fallen sacht,
im Fluge letzter Tanz.
Was einst kam wird nun vergehen,
mit der Natur zusammenschmelzen.
Zum Gedenken zünde man sie an,
lodern für dich die Kerzen.

Ewigkeit liegt nun vor dir,
dein letzter Weg ist nun vorbei.
Die Tränen sprechen ihre Worte,
für das es keine Wort gibt.
Gebettet zur letzten Ruhe,
verweile bei uns, im Schattenlicht.
Existenz bis zum letzten Tod,

denn Erinnerungen halten dich,
solange sie existieren können.

Doch soll nicht trauern,
sind wir uns trotzdem nah.
Wer in sich hört, der spürt es deutlich,
sind die Toten immer da.
Wann wir in den Himmel schauen,
werden wir beisammen sein.
Was man nicht sieht, sei nicht vergessen,
blickt es herab im Sternenschein.

Entfernt

Des Messers Schneide streift die Stirn, im Blut versinkt das kleine Herz.

Der Fötus tritt ins Licht, geblendet sei das Auge, ohne Augenlicht.

Nur eine Schattengestalt, eine Silhouette toter Zukunft.

Im blassen Schein der Dämmerung erstirbt im Lichte, was nicht sein soll und Mord wird zur Kunst.

Das kleine Herz noch nie geschlagen, als Kind wird es sich niemals nennen. Nur eine Narbe auf der Stirn. Nur ein Fleck in Blut getränkt.

So sein, so können

Im Fluge unterwegs, wie Peter Pan. Schwungvoll gleitend, wie Tarzan. Inmitten von Sand gefangen, im Treibsandstrudel der weiten Sahara. Irgendwo im Nirgendwo. Versinken und nichts bleibt, wie es einmal war.

Zu neuen Kräften gelangen, wie Popeye. Aus Wut geboren, wie der Hulk.

Wo die Nacht den Tag verdrängt, die hässliche Fratze der sichtbaren Verwerflichkeit verblasst und der letzte Funken Hoffnung dem Untergang vorübergehend den Todesstoß verpasst.

Auch ohne Geldspeicher, wie Dagoberts, auf die kleinen Dinge im Leben zählen.

Selbst wenn der Abgrund direkt vor den Füßen liegt, nicht den Mut verlieren, von irgendwoher kommt ein Lucky Luke, der alle Feinde zu Boden und schneller als sein Schatten schießt.

Die Erde wird sich weiter drehen, Veränderungen in ihrer Vielfältigkeit voller Pracht, wird es kaum eine große Pause geben. Nur die Uhr, die immer weiter läuft, fortschreitende Zeit, jeder Tag ein neues Abenteuer, wie bei Käpt'n Balu.

Es werden Geschichten aus der Gruft erzählt, doch keine Furcht, manch Geschichte nur ein Märchen ist.

Anubis

Denn nur die Dunkelheit gibt uns die Kraft, um von den Lebenden zu zerren, auf dass der Tod ihnen Sinn verleihen möge.

Ihr Kreuz zu Grabe tragend, soll es ihr Ableben zieren für die letzte Ruhe, die ihnen zuteilwird. Eine letzte Opfergabe, die sie unerbittlich erbringen müssen.

Anubis, oh du Heiliger, dein Reich möge mit uns sein. Wir Kinder des finsteren Vaters, getreu dem Schatten unserer Welt, verborgen in der Dunkelheit, dem verwunschenen Ort Unterwelt, auf das die Ewigkeit uns nötig Halt gewährt.

Sind wir die Konstante, die ihr gewählt, um euer Erbe fortzuführen?

Zur Unterwelt ergeben, jene Existenz, die Bestimmung unserer Existenz, die uns aufgetragen, dem Stolz verfallen, im ewig Heim sich niederzulassen.

Führe uns, wir sind die Kinder unter deiner Obhut, deine Befehle sei unsere Bestimmung. Für alle Gezeiten tragen wir die schwarzen Mächte mit uns, dunkle Kultur zur Unsterblichkeit. Niemals darf sie vollkommen verschwinden.

Unsichtbare Ketten

Am Ende des Meeres steht ein Spiegel aus Sand, zerfällt im Salz des Wassers. In den Wellen tun sich Münder auf, sprechen die Worte, die mir verstummt.

Aus welch Kehle sie auch sprechen mögen ist mir nicht vollkommen klar, so treibe ich ziellos umher, will verstehen ihren Sinn. Verbannen lassen sie sich nicht.

Es greift das Momentum, krallt sich fest, umschließt seine Ketten, wie Schlingen aus Stahl um mich herum. Ein Eisenschloss versiegelt die Ketten, mein Gefängnis von Hand geschmiedet. Was mir nicht bewusst, dass es aus meinen Händen geschah.

Wie in dem eisigen Schlund des Leviathans gefangen fühle ich mich, Angst stülpt sich von innen nach außen. Durch sie versuche ich durch das sich öffnende Maul zu entfliehen, bevor es mich zerkaut hinunterschlingt.

An den Ketten zerrend und beißend, versuche ich zu entkommen, ohne Chance. Zu stark sind sie geschmiedet, zu fest liegen sie um den Leib. Sie werden wohl mein Schicksal sein. Jedes Glied von Hand aus den Sünden gefertigt, werde ich wohl niemals frei sein.

Sprich zu mir, kalte See, offenbare mir die Wahrheit. Eröffne mir die Möglichkeit der Befreiung, oder lass mich in deinen eisigen Fluten ertrinken. In deinen Mündern werde ich untergehen, sollten mich die Kräfte verlassen. Deine Fluten, meine Erlösung, mein Neubeginn.

Kinder der Nacht

Wir sind die Wärter der Nacht, Kinder der Dunkelheit. Keine Sekunde soll verschwendet sein. Carpe noctem.

Was sie gibt, wird der Tag niemals geben können. Nur ihre Güte, ihre Schönheit, die ungeachtet und verrufen fälschlicherweise mit falschen Augen betrachtet, verleiht dies Gefühl, welches nur bei Anbruch ihrerseits hervorgerufen wird.

Ihr Schutz bietet Halt, ihre Verführung stark. Ihr Gesicht, dessen Lunas, erstrahlt so hell. Der Anblick so betörend.

Kinder der Nacht, wir sind auserkoren, in ihr zu schweben. Uns ihr hinzugeben. Was der Tag uns niemals geben kann, gibt sie uns. Unser Begehren nach ihr endlos, ersehnen wir ihre Ankunft Tag für Tag.

Farbe des Lebens

Verloren in der Tristesse, verkommen in der immer wieder einkehrenden Monotonie, welche sich mit vollkommener Unverblümt breit macht. So färbt sich der Regenbogen des Lebens schnell zu einer vergrauten Melancholie, der Topf voll Gold wertlos.

Was nützt das Gold, wenn es seinen Wert verliert, wo doch damit das zukünftige Vermächtnis geschaffen werden sollte.

Aus dem schönen Schwarz in all seiner verschiedenen Pracht, nur noch ein verblasstes Schwarz, ohne Facetten. Jeder bunte Regenbogen zu einem unansehnlichen Fassadengrau vermischt.

Dem Leben seine eigene Farbe geben, selbst erwählt, selbst gemischt, um der Farblosigkeit entgegenzutreten, um ein Versinken in ihr zu verhindern. Erschaffen werden soll eigene Kunst des Lebens.

Jeder Pinselstrich sei Teil des Kunstwerkes, welches erst mit dem Verscheiden sein Ende findet.

Zufluchtsort

Gedankenverloren im Paradies der Fantasie, eröffnen sich atemberaubend schöne Tore, der Blick schweift über die sich auftuende märchenhafte Welt. Ist das hier der sehnsüchtig ersuchte Ort der Zuflucht? Im Reich der Fantasie ist man jederzeit willkommen.

Traget auf, was von mir verlangt, um eurem Weltenreich auf Dauer beizuwohnen. Es soll das Ewigheim für meine Seele sein.

Wie auf Flügeln aus Glas schwebt illustrativ das Paradies, bevor sie durch klaffende Risse zu tausenden Scherben zu Boden fallen und das plötzliche Erwachen aus der Fantasiewelt eintritt.

Welch kurzweiliger Aufenthalt. Gewiss, es gibt schon bald ein Wiedersehen. Viel zu kurz sind wir beisammen, doch jeder Augenblick so kostbar.

Falsches Spiel

Ich bin wie ein Tagebuch, gefüllt von massivem Tiefgang.

Mein Leben ein Labyrinth, das Herz sein Kern, den nur die Wenigsten erreichen werden, so möge der Rest sich im tiefen Irrgarten verlaufen, den Ausgang aus den Augen verlieren, damit sie im dunklen Nichts verschwinden werden.

Wer trat ein, ganz ohne Scham und falschen Gründen, wird den begangenen Fehler schnell feststellen. Unnützer Zeitverlust der Unwürdigen.

Nur ein Tropfen Blut als Souvenir bleibt von ihnen, ihre Namen schnell vergessen. Wie von einer Natter befallen, wird es sie lehren, dass keine bösen Absichten ungesühnt bleiben.

Spiele nicht mit dem Feuer, dessen heiße Flammen du nicht einschätzen kannst. Der Weg in die Finsternis als gefährlich. Nur weil die Flammen lodern und Eintritt gewähren lassen, so symbolisieren sie nicht das unverbindliche Vertrauen.

Welch schwarze Rose dort erblüht in der Ferne. Kannst du sie sehen? Ihre Blüten, eine Zeile für sich selbst, die sich jeden Tag von selbst mit Worten füllt. Ließ in ihnen, doch sei gewarnt, du könntest daran erblinden.

Klägliche Versuche aus ihnen zu lesen, entsprungen aus schierer Unreinheit falscher Herzen. Was geschrieben steht, spricht nicht wie ein offenes Buch seine Geheimnisse aus, die es zu entdecken gilt. Dazu gilt es zwischen den Zeilen zu lesen, um zu erkennen. Nicht immer sind die Dinge so, wie sie auf den ersten Blick erscheinen.

Tatendrang

Mit einem Schlag überfiel es mich. Klar und deutlich sah ich es vor meinem geistigen Auge.

Ganz plötzlich strömten tausenden von Gedanken und Ideen auf mich herein, zogen mich in ihren Bann, ungeduldig darauf wartend an die Oberfläche gedrängt und an Land gespült zu werden. Wie ein Blitzschlag durchströmte es meinen Körper, ein erstaunliches Gefühl voller Motivation und aufblitzenden Plänen.

Um dem nachzukommen, sollte keine Zeit verloren werden und akribisch daran gearbeitet werden, sich den Details zu widmen.

Neue Ideen im Gloriagewand, doch auch alte Ideen, die für eine längere Zeit in den Schubladen vor sich hin lagen, erscheinen plötzlich im neuen Gewand. So schön erstrahlten sie lange nicht mehr.

Mir läuft es wie ein kalter wohliger Schauer den Rücken hinunter, wenn ich daran denke, was unter der Oberfläche schlummert und darauf wartet auszubrechen. Es nimmt mich schon gefangen, hält mich in seinen Besitz und ich genieße es in der Tat.

So mache ich es zu meinem Ventil der Motivation und mache es mir zunutze, dem Vorhaben gerecht zu werden.

Ich bade förmlich in dunkler Euphorie, ertrinke in ihr. Mit jedem Schluck, den ich von ihr nehme, spüre ich, wie es durch meinen gesamten Körper fließt und mich kaum noch etwas halten kann.

* Solch motivierende Phasen kommen und gehen öfters. Leider gehen sie schneller, als sie kommen. Ich würde sie gerne länger in Besitz halten, aber das ist leider nicht immer so möglich. Manchmal auch situationsbedingt. Da bleibt einfach manchmal nicht die benötigte Zeit, um den Vorhaben nachzukommen. Das ist der Fluch, wenn man erst zu viel darüber nachdenkt, statt loszulegen.

Aber, wo ein Wille, da ein Weg und je nachdem, was an Plänen ansteht und was das Herz begehrt, so kann man sein Leben auch umgestalten. Man lebt schließlich nur einmal und im Endeffekt war es immer das, was ich tun wollte, was ich tat.

Wenn Pläne und Ideen in dieser Form auf mich hereinströmen, möchte ich sie auch gar nicht ablehnen und ihnen nachgehen. Und da gab es einige Sphären, in die ich eintauchte. Ging es doch hinein in die Leidenschaft zur Morbidität, ins finstere Gedankenreich der dunkelsten Fantasien, sowie aber auch viele Dinge, die eher für das zart besaitete Volk entsprechender sind. Wobei sich da auch jeder willkommen fühlen kann und darf.

Solange es anhält, sollte also diese bestehende Energie genutzt werden. Bestenfalls für längere Zeit, bevor alles wieder verpufft. Was leider zu schnell geht, als wünschenswert wäre. Aber, wie man so schön sagt: Was lange währt, wird endlich gut. *

Einsamer Wolf

Als einsamer Wolf streife ich durch die Welt. Ohne festes Rudel, nur vereinzelt kreuzen sich manch Wege, die zusammen ein Stück begangen werden. Außerhalb des Rudels lauern unzählige Gefahren, ist der Schutz des Rudels nicht zu verachten, jedoch bringt ein Rudel nicht immer nur Vorteile mit sich.

Mein schwarzes Fell weht im Wind, während ich vom Felsen aus über das Land schaue. Magisch liegt die Welt vor mir, weit entferntes Land, so viel zu entdecken. Nur wenige Schritte und ich würde mitten hineintauchen in das Abenteuer, ohne Ziel.

Wohin mich meine Pfoten tragen, möchte ich sein, keine Rast sei der Endpunkt. Über Wiesen und Felder, durch Wälder und brache Länder, dorthin, wo ein Wolf sein Leben in Frieden führen kann.

Mein Geheul hallt in der Ferne wider, was ich spreche, wissen und verstehen nur die Wenigsten. Doch trage ich es nach außen, um mich davon zu befreien. Wer es hört und versteht, wird wissen, was mich umtreibt.

Vielleicht zu müde, von all den weiten Wegen, waren sie doch nicht ansatzweise weit genug. Sie waren erst der Anfang einer Reise, die erst richtig beginnen wird.

Falsch verstandenes Wesen, nicht leicht in dieser Welt fortzuschreiten. Mit jedem Angriff sehe ich mich teils schutzlos Gefahren ausgesetzt, bleibe ich mit starkem Stolz im Herzen weiter auf meinen Wegen.

Es mag fatal klingen, sich alleine so auszuliefern, doch ein gut erwähltes Rudel ist nie weit entfernt.

Mit meinem Geheul im Wind begebe ich mich weiter auf meiner Reise durch die Welt, auf dass sie mich weiter bringt als je zuvor. Jede Rast verleihe mir neue Kraft und jeder, der den

Weg mitbestreiten möchte, sei dazu eingeladen, sofern sie wahren Herzens sind.

Was bleibt

Im Blute ertrunken, ein Versinken in Bildern und Worten. Das Reich der Dornen zu scharf, um unversehrt zu entkommen. Selbst ein kleiner Stich, mit fatalen Folgen, löst er einen Schwall von strömenden Blutes aus. Verklebte Narben, die niemals verheilen, unter der Oberfläche bleiben sie unerkannt, doch spürbar. Die Gefahr groß, sie einst wieder aufbrechen.

Wunden der Zeit, Kleid der Erinnerung, aus dem Leben angefertigt, ziert es die Leiber.

Zerrissen liegt es auf dem Boden. Rot gefärbt. Stolz getragen für alle sichtbar, um die ungeschminkte Wahrheit nach außen offen aufzuzeigen. Zeichen der Wahrheit, Symbol dessen, wie sehr die Welt sich verstellt.

Lodernde Flamme

Wie die Jahre vergehen, der Wandel der Zeit unaufhaltsam fortgesetzt. Voller Wahn, Höhen und Tiefen, dem Abgrund fern und oft so nah. Zeichen, die oftmals wie Sterne am in einer Reihe standen, doch zu schnell im Schlund des Abgrunds verschwanden.

Von Momenten des Falls und des Aufstiegs des Phönix aus verglühter Asche geprägt, Reunionen meiner selbst, erblüht das pure Dasein immer wieder wie eine Neugeburt.

Durch alle Stürme hindurch, ins Auge des Orkans, zieht der Phönix seine Kreise.

All die Jahre auf rauer See, die einer enormen Achterbahnfahrt glichen, in Gift getränkt, ging ich letztendlich stets die Pfade meines eigenen Willens. Mich selbst vergiftet, sah ich die Finsternis so nahe wie nie zuvor und doch kam ich halbwegs unversehrt, doch nicht unverändert aus ihr heraus.

Ein Feuer, welches tief in mir lodert und nach all er Zeit noch genauso stark zu sein scheint, wie jeher ist der Antrieb für alles, was ich tue. Diese Flamme wird ewig lodern, solange mein Leben währt. So lange werde ich alles in meiner Macht Stehende tun, um sie aufrechtzuerhalten.

Hinter den Zeilen

Tinte und Blut geeint, auf Pergament verewigt, wird die stumme Melodie zur Poesie.

So still und doch so laut, ihre Kraft so bändigend, reine Magie legt sich wie ein Mantel nieder.

Nur ein Stück Ewigkeit in der Unendlichkeit von Millionen Stücke, geboren aus der Fantasie festgehalten.

Erkenne den Sinn in ihr, du wirst verstehen. Du wirst ernten, was du gebrauchen könntest. Hinter den Fassaden liegt erst die Wahrheit verborgen, auch wenn diese oft nicht von Relevanz geprägt zu sein scheint, obwohl gerade sie es ist, die gesehen werden möchte, auch wenn man sie bewusst versteckt.

Gerade da beweist es sich, wer würdig ist, sie zu sehen. Wer gewillt dem Versuche intensiv nachzugehen, wird belohnt werden und sich ungeniert die Teile in sich aufzunehmen, die für einen selbst von Bedeutung sind.

Leviathan

Gekappte Nabelschnur, versunken in der Meerestiefe, verrottet langsam auf dem Meeresgrund.

Der Leviathan fletscht seine Zähne, sein schwarzer Schlund von Weitem zu sehen. Kein Licht fällt hinein, Leichenberge bleiben unentdeckt, sich gegen seinen Sog zu entziehen fast unmöglich.

All die Anstrengungen vergebens, wurde so viel versucht, um ihn zu entgehen. Ohne Erfolg. Schon schließt er sein gefräßiges Maul und schluckt seine nächste Beute in seinen Schlund hinunter, um sie langsam zu verdauen.

Momentum

Wir sind von dem Moment gezeichnet.

Friedhof der Verlorenen Seelen

Auf dem Friedhof der verlorenen Seelen das schwarze Gewand übergestreift. Niemand würde je einen Unterschied erkennen. Niemand würde je die Stimmen hören, die aus stummer Kehle dringen. Der schwarze Schmetterling flattert über die Gräber hinweg. Majestätisch und anmutend schmückt er sie mit seiner Anwesenheit.

Zu blind und taub ist diese Welt. Bevor sie ihr Ohr verleiht, schneidet sie es sich ab. Bevor sie die Augen öffnet, erblindet sie lieber. Alles scheint in der Vergangenheit stehen geblieben zu sein. Fortschritt wie eine Seuche gehandelt, Probleme werden weggelächelt, das Gesicht gewahrt.

Alles außerhalb der Norm erhält einen Platz in dunkler Ecke, gerät in Vergessenheit und verkümmert zunehmend.

In der Bedeutungslosigkeit verharren sie, totgeschwiegen, als seien sie ein Schandfleck, ein Fehler im System, aus Scharm bleiben sie eher unerwähnt, doch sind sie überall.

In Schweigsamkeit gehüllt werden Illusionen aufgefahren, die von den wahren Scharlatanen dieser Welt dargestellt werden. So glaubt und folgt man weiterhin blind ins Verderben hinein.

Verflucht sei der Glaube, ihr werdet erkennen, wohin er euch bringt. Das faule Volk zu bequem, um dagegenzustehen.

Hunderttausend Meilen

Ein Tag wie ein ganzes Leben. Hunderttausend Meilen, doch der Sinn weiter verborgen.

Sieh, die Kristalle funkeln in der Dunkelheit. Kalter Schein, von den Scherben, auf denen gewandelt, strahlen zurück.

So tief schnitten sie bei jedem Schritt mit nackten Füßen in zarte Sohlen. War es umsonst, durch die tosenden Stürme zu stapfen, auf leisen Sohlen, die nun vor Schmerzen sich im Blute aufgerissen weiden?

Wohl an, wenn es sein muss, folgen weitere hunderttausende von Meilen. Über alle Meere hinweg, über tausende von weiteren Scherben und Splittern, bis ans Ende dieser Welt, hinter den Horizont, wo der Nebel entspringt.

Wie magisch ruft er. Seiner Stimme lauschend, ist der Weg dorthin vorgegeben. Vertraut singt sie ihr Lied, als würde es von Meerjungfrauen gesungen werden.

Mutter des Horizonts, wundersame Nixe besonderer Art. Nie wird ein Mensch sie je zu

Gesicht bekommen. Zu gefährlich wäre es, ihrem Bann zu verfallen, aus dem es kein Entrinnen gibt. Die Konsequenzen dessen, kann sich niemand bewusst sein.

Kostbar

Der letzte erste Tag von den letzten ersten Tagen, vor dem letzten Tag der letzten Tage.

Lass den Fluss fließen und folge dem Strom. Geleite mit ihm, lass dich treiben, er führt ins Meer hinaus zur Welt.

Lass die Chakren sich öffnen, auch sie sollen fließen. Ihre Energie freien Lauf, gebündelt wird sie sich in voller Kraft entfalten.

Befreie den Geist. Lass los. All die Lasten von den Schultern fallen.

Die Zeit ist kurz, so verschwende nichts davon. Jederzeit kann sie reif genug sein, um den letzten Schritt zu wagen, um mit dem Leben zu beginnen.

Dem Kopfe verlustig

Ich streiche meine Wände mit dem Schwarz meiner Seele.

Droben auf dem alten Blutgerüst es sein Ende fand. Vollzogen mit deinen Händen.

Ein letztes Wort, eine Träne, Regen aus Stahl verschloss sie. Unter den Augen des Volkes, wie bei einer Guillotine kurzerhand Kopf verloren.

Finsterschwarze Melodien, schwarze Federn zum Gewand.

Leere Hülle alten Seins.

Auf dem Schafott stehend, die Augen fest verschlossen, ein letztes Mal vor der Masse zum Gesicht, bevor es zu Ende ging. Ein Raunen, bevor die Schwärze Einzug hielt.

Hiernieder sauste die scharfe Klinge, blitzte sie lächelnd im Licht der Sonne.

Entzweit. Pechschwarz färbte sich das Antlitz. Die Augen leer. Farblos.

Tief, in heiligen Hallen

Mein Tief in heiligen Hallen.
Verborgen vom Licht der Welt.
Aus dem finster stumme Schreie dringen.
Die niemand hören wird.
In den Flammen lodert Asche.
Brennend, eine gleisende Glut.
Schwarzer Rauch verdeckt die Sinne.
Und der Tod spricht sein Gebet.

Falsche Farben

Zieren uns mit fremden Farben, wo wir selbst
so farblos sind in dieser farbenfrohen Welt.

Alte Wege, für Neue!

Auf ewig langen Pfaden, endlosen Wegen, die sich wie Kreise auftaten, gezeichnet von einer schieren Endlosigkeit, wanderte ich mit blutenden Pfoten.

Als einsamer Wolf streifte auf all den Pfaden meines Weges, welche übersät von Komplikationen war, begleitete so manch nettes Geleit meine Wege.

So oft vom Wege abgekommen, um neue zu entdecken. Inmitten auf den Wegen verschwunden, tauchte ich unweit davon wieder auf. Dazwischen lag eine riesige, klaffende Schlucht, feuerspeiend.

Zwischen den Schluchten umherspringend, zumindest sah es einem Versuch nahe, verbrannte ich mich zu oft an der Hitze des Feuers. Mit letzten Kräften gelang es mir mich am Felsvorsprung der Abgründe festzuhalten und durch unerwartetes Glück zogen mich helfende Hände nach oben. Zurück blieben Brandwunden und Narben, die nicht alle verheilen werden.

Auch wenn ich versuchte mich von den gefährlichen Abgründen fernzuhalten, so ist es entweder einem Fluch nachzusagen, durch den ich mich immer wieder in solch prekären Situationen wiederfinde, oder ich besitze ein hohes Maß an Abenteuerlust. So richtig komme ich davon nicht los, so oft wie ich mich darin ertappe in die Richtung der Feuerschlunde zu tapsen.

Wo dann ein neuer Pfad gefunden wurde, nach langer Suche und unzähligen Begleitern, die wohl eher einer Unwürdigkeit entsprachen, ist mir dennoch bereits gewiss, es wird nicht der letzte Pfad sein. Im Kern spüre ich, dass ich nicht auf Dauer dazu prädestiniert bin, zu lange auf ein und denselben Wegen zu laufen, da ich wohl die Vielfalt und Abwechslung brauche und immer wieder Neues entdecken möchte. Oder doch der Fluch oder Abenteuerlust, die mir immer wieder ungewollt zum Verhängnis werden. Das Chaos beherrscht mein Dasein und zugleich beherrsche ich das Chaos. Ich stehe förmlich für das Chaos in Person.

Zu viele Gabelungen, zu viele Möglichkeiten, die sich immer wieder auftun. Etliche Ziele, die voraus liegen und jedes könnte gerade das Richtige sein. Würde ich nur einen Weg begehen wollen, so würde ich nicht alle Ziele erreichen. Zumindest dem Versuche nachzugehen, solange die Lust an dessen Eroberung anhält.

Somit strebt mein innerer Geist weiter nach allem, was erlangt werden möchte. Was zur Folge hat, dass ich mich wohl immer wieder im Sprung über die Schluchten sehen werde.

Solange ich noch nicht endgültig darin versunken bin, vom Feuer verschluckt werde, soll dies mein Schicksal sein.

Stimme im Wind

Wenn der Sturm beginnt und seine Melodien im leisen Flüstern erklingt, sich der Wind immer wieder dreht und der alte Oktoberregen wieder aus den Wolken bricht, nimmt alles nochmal seinen Lauf durch die Zeit.

Fluten lassen Dämme brechen, stolz ihnen entgegentretend wird das letzte Gebet im eiskalten Wasser vergehen, die alten Stimmen sprechen, als seien sie nie verklungen.

Dem Glück entgegen

Trage deinen Schmerz mit Würde, um Glück zu erfahren. Nur wer Schmerzen kennt, weiß, was Glück bedeutet.

Wer sich am hellen Schein verbrannte, lernt die Schatten zu lieben, können sie nur durch das Licht überhaupt existieren.

Innerlich gefangen weiß man die Freiheit zu schätzen, auch wenn bedeutet, sich all den Giften ausgesetzt zu sehen, sich all dem ganzen Schmerz hinzugeben, der einen in der grausamen Gefangenschaft zuteilwird. Nur so kommt die fruchtbare Erkenntnis zustande, wie sehr die Freiheit zu würdigen ist.

Die Augen zu verschließen, schützt nicht vor dem, was im Leben geschehen muss, so sehr wie es auch zu verfluchen ist.

Mit neuer Kraft aus tosenden Stürmen einer tiefschwarzen Nacht, aus gefühlt endlosen Tagen voller Schwere. Wer aus den Stürmen draußen ist, der wird zu neuer Stärke gelangt sein, im Inneren verankert.

Auf die Toten

Zeit zieht ins Land. Wir sitzen an der Bar, an der längsten Theke der Welt und trinken auf die Menschen, die uns im Herzen noch verbleiben.

So viel gesagt, doch zu wenig Worte, die es zu sagen gibt, wäre noch so viel zu sagen, doch ist nun zu spät. Was sind schon Worte, fliegen sie nun zu spät, sind es die Taten, die man tat oder nicht. Oder die jetzt getan werden.

Gläser hoch, wir trinken auf euch.

Eine neue Runde. Ein Hoch auf die Toten.

Schatten der Finsternis

Fruchtlose Versuche, vor den eigenen Schatten zu fliehen. Welch ein Trugschluss ihnen entkommen zu können, holen sie einen immer wieder ein. Was für ein Wahn hat da sein Unwesen getrieben. Sie sind ein stetiger Begleiter, ein wandelndes unsichtbares Lehrbuch, geschrieben in Farbe der Vergangenheit.

Fluch und Segen, bilden sie die unsichtbaren Ketten, die uneingeschränkte Freiheiten nicht zulassen. All die Schatten der Finsternis, ein unabwendbares Schicksal, so dienen sie jedoch zugleich für die Zukunft.

Glied um Glied fügt sich bei, die Ketten immer länger und schwerer, nicht abzuwenden, geschmiedet aus den Sünden, aus Leid, Schmerz und Trauer. Eingraviert die Geschichte ihrer Entstehung, nur von sich selbst lesbar.

Manipulation

So blau wie das kühle Nass des Ozeans erstrahlt in deinen Augen seichter Glanz eines Diamanten würdig.

Tiefer als die tiefste See, ein Ertrinken in tausend Bildern, hinab in die Dunkelheit des Meeres, in die Abgründe dessen, was deine Augen hinter sich verbergen. Dunkle Geheimnisse, äußerlich verschleiert, versuche ich durch sie zu dringen, um zu erkennen, was deine Seele wahrhaftig spricht.

Wahre Meister der Verführung wissen ihre Augen geschickt einzusetzen, um die Lüge als Wahrheit ansehnlich und undurchsichtig zu verkleiden und glaubhaft darzustellen, damit ihre Opfer sich in ein daraus gestricktes Netz verfangen.

Vorsicht sei geboten, wie schnell ertrinkt man in den trügerisch entgegen funkelnden Augen, die wie ein Bann wirken können, in dem man sich unbewusst befindet.

Um direkten Augenkontakt aufzunehmen, sollte die Stärke besessen werden, dahinter blicken zu können und sich nicht von dem sich gebotenen Glanz blenden zu lassen. Wie schnell gerät man in diesen gefährlichen Strudel, weil sie eine unbändige Macht besitzen, die bei Ausübung kaum zu widerstehen ist.

Ein dumpfes Lied erklingt leis in der Ferne, ein Lied des Leids und des Schmerzes, begleitet vom Blitzen einer Klinge in den Augen. Im Bann schon verloren, wenn man die Zeichen verkennt.

Unglaubliche Untiefen hinter ihrem scharfen Blitzen warten darauf, erkannt zu werden, doch werden sie bewusst versteckt, um die Wahrheit nicht ans Tageslicht kommen zu lassen. Es würde einen Krieg entfachen, der durch die Offenlegung der Schwachstellen schwer in den Griff bekommen zu sein würde.

Was des anderen Nachteil, wäre vom eigenen Vorteil, stattdessen sieht man sich vor der schwierigen Aufgabe zu widerstehen und hinter die enorme Fassade zu dringen. Ein Scheitern liegt förmlich in der Luft, ausgelöst vom guten Glaubens eigenen Narrens.

Doch, wer gesegnet von Stärke und der eigenen Kraft zur Manipulation und getragen wird von der Stärke zum Widerstand und Misstrauen, kann nicht nur widerstehen, sondern erkennen, was hinter den Augen verborgen liegt. Ein Blick in die Seele kann gelingen und der daraus resultierenden Operation, um das Spiel in eigene Hände zu bekommen.

Was hinter den Augen versteckt, ist oftmals nicht so, wie es den äußeren Anschein erweckt.

Lüge

Der Mensch liebt die Lüge, ernährt sich von ihr. Die Jagd nach der Wahrheit nur eine vorgespielte Illusion, vorgegaukelt, weil die Wahrheit nicht gesehen werden möchte.

Keine Wahrheit ist so stark wie die Lüge, an die die Menschen glauben möchten, damit sie sich Hoffnungen künstlich erhalten können. Die Wahrheit ist nur ein Feind der Menschheit, täglich bekämpft. Lass uns glauben an die Lüge, weil wir die Wahrheit nicht sehen wollen, doch sollen wir von der Lüge ablassen, um die Wahrheit zuzulassen, damit wir uns nicht länger selbst betrügen.

Von der Wahrheit gibt es kein Entkommen, auch wenn es immer wieder versucht wird.

Wahrheit jedoch bleibt dennoch nichts weiter als eine von Lügnern erschaffene Erfindung, welche als verdorbenes Erbgut weitergetragen wird. So sind wir alle von seinem Gifte infiziert.

Traumfänger

Fange meine Träume ein und verschließe alles Böse in dir. Vernichte all verdorbenes Gut an Träumen, um mir ruhige Nächte zu bescheren.

Ereilen werden des nächtens jene verborgene Sehnsüchte, die tief schlummernd in mir aufwarten.

Mögen sich all die beängstigenden Träume in Rauch auflösen, vernichtet sein sie in dir, Traumfänger. Unter deinem Schutz möchte ich ruhen, ohne Schrecken der Träume, die mich heimsuchen.

Abgrundtief

Angst treibt Schweiß auf die Stirn. Kalte Sehnsucht nach Glück umklammert das Herz, hält es in seinem Bann.

Wir sind getrieben von Sehnsüchten, die in uns wohnen, an falsche Tatsachen glauben lassen, weil der Wunsch Vater des Gedanken ist und uns gleichzeitig Antrieb geben, auch wenn wir die Wahrheit verdrängen.

111

Glauben, um zu glauben, erlauben wir der Lüge mächtig zu sein, damit wir uns die Hoffnung am Leben halten können, bevor die Realität uns überfällt.

An Strohhalmen festgeklammert, schnappen wir verzweifelt nach Luft, das Spiel des Überlebens beginnt.

Manche Dinge mögen uns erblinden, mancher Mensch, manch Hoffnung und manch Glaube den Verstand vernebeln, die Sinne blenden, sieht man oft zu spät sein Schiff, auf eine riesige sich plötzlich aus dem Nichts auftuende Felswand zusteuern.

In kürzester Zeit wird muss, gehandelt werden, bevor das Schiff am Riff zerschellt und man mit ihm in den Gewässern versinken tut. Rechtzeitiger Sprung, ohne lange nachzudenken, aus extremer Höhe. Der Aufprall hart.

Nicht jedes Glück, welches erkannt, von Echtheit gesegnet, ein vierblättriges Kleeblatt kann täuschen. Vom Glauben daran beflügelt, sieht man sich nicht in der Gefahr, samt Strohhalm, durch den man noch ausreichend Luft saugen konnte, abzusaufen.

Manch ein Ende birgt den Anfang zu einem wahren Glück, das Vergangene nur eine notwendige Zwischenstation. Durch den Sturm, um dahinter Land zu sehen.

Augen auf, es liegt so nahe, dass es schnell übersehen wird, unerkannt bleibt und vergeht.

Ich bin

Ich bin nicht bunt, nicht farbenfroh.
Ich bin die Liebe zu dem Tod.
Und wenn die Dunkelheit mich ruft,
versinkt mein Leib im schwarzen Blut.
Trag die Bitterkeit im Herz,
lässt mich bluten, jeden Tag.
Stirbt ein Mensch im fahlen Schein,
soll mein Lächeln Abschied sein.
In kalter Finsternis ruht mein Wesen,
eine Ausgeburt, erschaffen, aus der Hölle,
um das alte Erbe fortzutragen.

Bin ich ein schlechter Mensch,
es soll nicht mein Schaden sein.
Ich bin die Träne, die du weinst,
wenn einsam und allein.
Im Reich der Spiegel wird es enden,
endet dort der ewig Fluch.
Wo einst Mary ihre Heimat fand,
werde ich ihr Gesellschaft leisten.

* Welch Kraft es noch immer mit sich trägt. Ich
liebe es noch immer. *

Scheinheilige

Scheißgelaber der Möchtegern heiligen Gesellschaft bereitet mir Ohrbluten, wie bei Van Gogh. Zurückgelassen im Regen, fließt das Blut den Randsteinen entlang.

Schandflecke auf den weißen Westen, müssen sie mit allen Mitteln reingewaschen werden. Kranke Ideale Ansichten, um einen heiligen Schein zu wahren. Welch Perversität mir entgegensticht. Beinahe erschütternd, dass ich darüber nicht erschüttert bin.

Wie die Zeichen auch stehen, der Phönix muss fliegen, so sie ihr Verlangen. Gebündelte Kräfte für eine persönliche Revolution. Hinein in die Fluten.

Selbst wenn sich unberechenbare hohe Felsen in der Gischt auftun, soll dies kein Hindernis sein, an dem die Flügel zerschellen. Es wird Zeit die Grenzen zu überwinden und auf dem Fundament weiterzubauen, was einst errichtet wurde.

Scheiße wird nicht zu Gold, nur weil es golden angemalt wurde. Doch erzeugt man aus Scheiße Energie, wird mehr Kraft erzeugt, dass sie die durchschlagende Kraft wird, die nötig ist, um die Gipfel zu erreichen.

Sie werden erkennen, der Dorn im Auge extrem tief sitzt und nicht so einfach zu entfernen ist. Sollen sie bluten, Opfer müssen ohnehin er-bracht werden.

Den Mittelfinger hoch, all die Heiligen-scheine zerstört, die sich selbst aufgesetzt wur-den.

Symbol der Ewigkeit

Ich sperr dich ein in meine Fantasie. Und kommst du wieder frei, begibst du dich freiwil-lig in lebenslange Therapie.

Dein warmes Blut auf meinen Lippen, ein Be-kenntnis von intensiven Verlangen.

Verbleibende Narben auf Haut und Seele, Symbol der Ewigkeit. Gebrandmarkt wirst du sein. Es ist okay.

Süße Bitterkeit

Schmeckst du den kalten Wind, wie er sich bittersüß auf die Zunge legt. Im bitteren Geschmack er die Kehle hinunterfließt.

Töricht zu glauben, der Wind wehe nur nach Norden, wohin die Kompassnadel zeigt. Ändert sich die Richtung, doch der Weg bleibt gleich.

In der Ferne wartet süßlich die Bitterkeit, die unerkannt bleiben will, weil sie nicht gesehen werden will. Sie wird dich in Empfang nehmen, hab keine Furcht.

Blatt auf der Hand

Sind wir es selbst, die die Karten mischen? Welches Blatt werden wir erwischen? Ist der Einsatz zu hoch, verlieren wir alles. Leere Hände die am Ende übrig bleiben. Sind wir uns dieses Spiels überhaupt bewusst?

Führen wir selbst Regie in unserem eigenen Film? Ist die Geschichte selbst oder aus fremder Feder geschrieben? Feuer den Regisseur, nehme das Heft selbst in die Hand. Ändere die

Geschichte, wo sie keinen Gefallen findet, solange es nicht zu spät ist.

Kalte Asche aus verbrannten Karten und Drehbüchern, nichts soll noch an sie erinnern.

Das alte Blatt bleibt jedoch dasselbe, der alte Film spielt sich immer wieder gleich ab. Trümpfe nicht in der eigenen Hand, ein Bluff zur guten Miene, doch wer durchschaut das falsche Gesicht, gibt es keine Chance dieses Spiel zu gewinnen.

Wer die Cleverness besitzt, hat durchaus ein Ass im Ärmel versteckt, um nicht ohne Weiteres geschlagen zu sein. Vorsicht ist geboten, denn überall lauern scharfe Augen und die Gegner seien nicht zu unterschätzen, spielen sie ihr eigenes Spiel im Spiel.

Unvorsichtiges Handeln wird gnadenlos bestraft, zu unterschätzen gibt es niemanden. Gut aufgelegte Gesichter, muss man die gleiche Schiene fahren, um mit dem Spiel vertraut zu sein. Betrug lauert an jeder Ecke, nur sich selbst gilt es zu vertrauen.

Achtung, bevor ein Messer im Ass steckt. Immer mehr, als nur ein Ass im Ärmel haben.

Henker und Richter seines Seins

Eingesperrt, allein hinter eiskalten Stahl, als wäre ich ein Sträfling. Stehe massiv unter Strom, wie ein zum Tode verurteilter Häftling.

Zwischen kalten Mauern wartet der Geist auf seine Erlösung, um in die Freiheit entlassen zu werden.

Wer hat diese Strafe auferlegt, welcher Richter sprach sie aus. Welche Wache wird vor der Gittertüre Spalier stehen. Welcher Henker wird verrichten. Im Spiegel findet sich die Antwort.

Gedanken sind frei

Waldgeflüster zwischen Ästen und Blätterhaufen. Sinnliche Stimmen sprechen aus der Ferne durch den Wind getragen zu mir, als würden sie mich zu sich locken wollen.

Je weiter ich in den Wald vordringe, desto mehr umwehen mich sanfte Stimmen, liebliche Gesänge der Vögel, als singen sie nur für mich.

Hört nicht auf und tragt mich weiter auf eurer Melodie.

Spürbar fallen Lasten von den Schultern, der Kopf befreit sich von jeglichem Gestrüpp an unnützen Gedanken, sie schweben durch die Zweige dahin. Duft reiner Natur steigt in die Nase hinauf und entfacht ein wohliges Gefühl im ganzen Körper.

Langsam verschmelze ich mit der Umgebung, werde eins mit der Natur, bilden eine Symbiose. Wir befinden uns im Einklang miteinander, geben uns gegenseitig Halt.

Solange dies Gefühl anhält, soll es gewürdigt sein, bis wir wieder miteinander verschmelzen.

Frühling

Müdigkeit macht sich breit. Wo ist er hin, der blühende Frühling. Welk sind seine Blüten geworden und verrotten auf dem Boden vor sich hin.

Welch Glanz einst erstrahlte, so glanzlos ist er mittlerweile. Selbst die Sommersonne erlischt in den Gezeiten der Zeit zunehmend, so wird es kälter.

Kaum war es gestern Frühling, so steht bereits der Herbst ins Haus. Wo sind all die Jahre hin, ist so Vieles passiert und doch scheint es viel zu ungenutzt, verschwommen in alten Tagen, die vergangen, oder im Gift ertrunken sind.

Die kalte Herbstluft duftet nicht ansatzweise nach der frischen Frühlingsluft. Eher liegt ein Duft des Vergehens in der Luft, die bunten Herbstblätter auf dem Boden trocknen zunehmend auf. Noch hängen reichlich an den Bäumen, doch drohen sie nach und nach herabzufallen. Es kann nicht so schnell geschehen, auch wenn die Vergangenheit das Gegenteil beweist.

Kommt er zurück, der Frühling, um ihn noch einmal zu erleben? Oder war er es schon gewesen und die Frühlinge sind aufgebraucht? Kann sich der Sommer nochmal wie einst entfalten, oder ist er mit samt seiner Sonne untergegangen?

Doch wenn er verbraucht, so soll der Sommer im Herzen weilen, der Herbst kann noch nicht angekommen sein. Zu früh, scheint es zu geschehen.

Trügt dieser Schein nur, weil der frühe Frühling vorbei und der Zweite ebenfalls vorübergegangen ist? Wie viele Frühlinge mag ein Mensch wohl durchleben? Und wann hört der Sommer letztendlich auf? Entscheiden wir dies selbst? Sind wir dem mächtig und können dagegen steuern, oder ist es ungeschrieben festgesetzt?

Verblüht die ewige Jugend, doch ein Zurück soll es auch nicht geben. Lieber den Frühling im Herzen und den Sommer auf der Haut, als den verfrühten Herbst gewiss zu sein. Noch ist er nicht angekommen, auch wenn das Gefühl an manch Tagen trügen möchte. Dem falschen Schein, nur nicht in die Falle tappen.

Müde von all den Tagen, schleicht sich doch leichter Herbst ein, so sei er willkommen, auch wenn er noch draußen vor den Toren verweilen darf, bis er endgültig hereingebeten wird. Doch bis dahin möge noch das ein- oder andere Jahr vom Kalender verstreichen.

Den Dämonen verfallen

Alte Dämonen erwachen aus ihrem lange währenden Schlaf und brechen hinaus. Nicht lange genug dauerte ihr Schlaf, wäre es besser gewesen, sie nie mehr erwacht.

Ihre Schreie werden lauter, sie kommen näher, hinterlassen Risse im Fundament. Die Fassade fängt an zu bröckeln, ein Haufen aus

Scherben, Schutt und Geröll, in Staub gehüllt, provisorisch verputzt.

Durch den dichten Staubnebel, der in der Luft liegt, ertönen ihre Rufe, es klingt wie ein altes Lied, mit dem sie ihren zerstörerischen Bann über jenes Leben legen, welches sie übernommen haben. Sich von ihnen zu befreien kann nur durch einen Exorzismus erfolgen, die Chancen dessen Erfolg jedoch in der Wahrheit gering.

Tiefe Spalten bilden sich in der aufplatzenden Fassade, Blut dringt aus ihnen heraus, welches durch aufgerissene Wunden von Scherbensplitter verursacht wurde, doch noch sieht es niemand.

Weitere Brocken fallen herab, enthüllen die dahinter liegende Dunkelheit. Für den Augenblick liegt sie noch gut genug verborgen, was nicht mehr lange anhalten wird, wenn die finsteren Kreaturen endgültig wieder nach außen durchbrechen.

Ihr Atem spürbar im Nacken, Düsternis in klammer Seele, sie zehren nach frischer Nahrung. Schwarzes Blut sickerte durch die Ritzen der Fassade mehr und mehr hinaus, rinnt herab, beschmiert das Antlitz. Nicht mehr lange, dann werden es einige erkennen. Alles wird auseinander brechen.

Sind die Dämonen erst völlig aus ihren Löchern entflohen, wird es der Beginn des Schreckens sein, eine altbekannte Gefahr, aus der es ohne Weiteres kein Entrinnen geben wird.

Schwarzes Wunderland

Im Schutze der Nacht, schlich ich ruhelos durch die Straßen der Stadt, den Gedanken verloren, sich der Stille hingebungsvoll gewidmet. Am Firmament thront Luna, die ihre Pracht auf die Erde herabscheinen ließ.

Da stand sie plötzlich, im Schatten Lichts, diese mysteriöse dunkle Gestalt einer Frau. Ihr Haar wehte im lauwarmen Wind, welche die Sommernacht mit sich brachte. Regungslos stand sie da, mit wirrem Blick starrte ich sie an, konnte meinen Blick nicht abwenden, als wäre ich gefesselt von ihrem Anblick, obwohl ich sie nur von der Seite betrachten könnte. Ihr Gesicht verborgen, als wolle sie nicht erkannt werden.

Als sie ihren Kopf drehte und direkt in meine Richtung sah, erkannte ich ihr Antlitz in voller Pracht. Sie starrte zurück, hielt mir ihre Hand entgegen. Sie blieb stumm, während ich eine Weile nur auf ihre Hand starrte. Weiter ihre Hand ausgestreckt nickte sie, um zu sagen, es sei okay, ich solle doch zu ihr kommen. Das bleiche Licht des Mondlichts fiel nun direkt auf sie, doch es schien, als wäre sie nicht von menschlicher Gestalt.

Wie ferngesteuert lief ich Schritt für Schritt auf sie zu. Mit jedem Schritt wurde es kälter, je näher ich in ihre Nähe kam. Ich versuchte, ihr

Gesicht zu erkennen, ihr in die Augen zu schauen. Nichts. Da war einfach nichts.

Zögernd nahm ich ihre Hand, ich konnte mich ihrem Bann nicht entziehen. Jegliche Versuche sich noch herauszureißen waren zum Scheitern verurteilt. So zog sie mich mit sich, hinein ins schwarze Paradies. Sie starrt ein letztes Mal zurück und nur die Nacht sollte Zeuge sein, als ihr unnachahmliches Spiel begann.

Stille. Beunruhigende Stille setzte ein. Nichts als Stille.

Ohne den Blick von ihr abgewandt zu haben, folgte ich ihr. Wir sanken in die Schwärze, alles erstarb in mir, als würde ich von innen heraus zu sterben beginnen.

Kein Ton. Kein Wort. Keine Regung, nur ein finsteres Lächeln zierte ihr Gesicht.

Ihre Augen leer.

Diese Augen ... Schwarze Höhlen ... Ihr Gesicht blass, von Narben übersät, Reste von letzten Fetzen von Haut. Kaum noch etwas, was an ein menschliches Gesicht erinnert hätte. Selbst der Schädel bot Risse auf, Zähne zum Teil ausgeschlagen. Ein leichter Hauch entschwand aus ihrem Mund. Es wurde eiskalt.

Diese schaurigen schwarzen Augen. Nur ein schwarzes Nichts. Ein schwarzes Loch, was alles in sich aufzusaugen schien. Durch den Blickkontakt schien ich endgültig die Kontrolle über mich zu verlieren.

Wenn Augen der Spiegel zur Seele sind, dann hatte sie keine. Nichts spiegelte sich darin wider. Sie muss ein Dämon gewesen sein. Eine dämonische Göttin. Eine morbide Göttin. Regelrecht zog sie mich von der ersten Sekunde in ihren Bann. Ich war verloren.

Mit sanften Fingern strich ich ihr über die Hautfetzen, strich ihr ebenholzschwarzes Haar aus dem Gesicht, küsste ihre Narben, als wären sie eine Alternative zum Lebenselixier, um weitere Jahre in der Dunkelheit zu leben.

Bittersüß schwamm ihr Geschmack in meinem Mund. Wie würde dann ein Kuss von ihr schmecken, waren schließlich keine Lippen zu erkennen.

Ihr Grinsen verfinsterte sich zunehmend. Zumindest, was man als Grinsen deuten konnte. Aus ihrer Kehle drang ein grausames Lachen. Regen setzte ein. Stahlhart prasselte er auf uns ein. Die Wunden, die sie an ihrem Körper unter dem schwarzen langen Gewand haben musste, wurden ausgespült. War sie nicht eigentlich nur ein Skelett? Sie konnte unmöglich einen Körper haben und doch färbte sie der Boden schwarz. Schwarze Pfützen bildeten sich am Boden, ein Meer aus einem Gemisch von Wasser und Blut umhüllte uns. Schwarzes Blut. Was war sie nur ...

Nebel zog auf, kam immer näher, ihre Wesen wurde blasser, ein leichenartiges Bild bot sich. Wie ein Zombie starrte sie mich mit leeren Blicken an, während sie unaufhörlich grinste.

Ihre Erscheinung war nur noch von geisterhaftem Sein und ich wie gelähmt, doch beeindruckt, wie im Wahn.

Die kalte Luft füllte meine Lungen, ihr Geschmack auf der Zunge, ein unbeschreiblich nekrophiles Verlangen überkam mich und unser Liebesspiel begann, währenddessen ich kläglich versuchte mich dagegen zu wehren. Ihre finstere Fratze so nah an meinem Gesicht, ein kalter Hauch, als würde sie meinen Mund einsaugen wollen. Vor meinen Augen verschwimmt alles. Sie sog mich in sich ein. Angst erfüllte mich, versuchte mich aus diesem Zwang zu winden, doch verlor zunehmend das Bewusstsein. Der Kuss des Todes. Jegliche Kraft entwich mir spürbar aus dem Körper.

So vergingen die Tage, ich weiß nicht, wie viele es waren. Die Narben, die sie mir verpasste, trage ich seit diesen Nächten mit Stolz, mein restlich Leben. Die Begierde nach ihr umklammert mich. Unaufhörlich strömte der Regen weiter, beobachtete, was sich ihm damals bot. Stummer Zeuge eines grausigen Szenarios, welches niemand je erfahren sollte.

Nur noch Reststücke eines einstigen Lebens sollten übrig bleiben, der Kuss, den sie mir aufgetan, war mein Tod. Ihr finsteres Liebesspiel, welches sie unter einem Bann durchzog, ist mit Worten nicht zu erklären. Es wird niemals ans Licht kommen, zu ungläubig wäre diese Geschichte. Diese nie begonnene Liebschaft fand ihr Ende, das Spiel sollte für die Ewigkeit seine Folge spürbar beibehalten.

Nichts als Erinnerungen würden zurückbleiben. Blutleer lagen Bruchstück ihres Körpers vor mir, kleine Splitter von Knochen, der Abschied mit Tränen in den Augen, bevor ich diesen Ort für immer verlassen sollte. Nur die Nacht blieb einziger Zeuge.

Morbide Göttin, ihr Blut wird den Rest meines Lebens durch meine Venen weiterfließen. Sie tötete mich, ohne mein Leben beendet zu haben. Ich höre die Melodie des Todes, der mich zu sich ruft, Nacht für Nacht. Jede Nacht sehe ich sie vor mir, lässt mich nicht schlafen.

Melodien lagen in der Luft, Rabengesänge ertönten, sie sangen ihr Lied für uns. Süßlich bitterer Nachgeschmack lag in meinem Mund, noch immer war sie zu schmecken, die Sehnsucht keimte auf.

Schlaflos wandle ich wieder durch die Nacht, doch nie wieder tauchte sie irgendwo auf. Den Eingang zu ihrem schwarzen Wunderland kannte nur sie selbst. Sie war der Schlüssel dorthin. Ihre Anwesenheit spürbar, lebt sie seither in mir weiter. Kannst du mich auch spüren?

Ich spüre dich.

Ich fühle dich.

Du bist in mir.

Wieder leckte mit meiner Zunge sanft über die Haut, um sie noch einmal zu schmecken.

Niemals wird es aufhören, bis der Tod uns beide endgültig holen wird.

Das Leben, wie ich es kannte, floss nach und nach davon. Nichts wird je davon übrig bleiben. Nichts wird davon wiederkehren. Im Spiegel stielt ein Grinsen entgegen. Ich kann sie sehen.

* Die eigentliche Geschichte darum ist viel morbider, aber ich habe sie extra so umgewandelt wie sie jetzt ist. Da ich aber diese eigentliche Geschichte, wie sie war, auch sehr mag, wird es in einem anderen Band wohl eine Fortsetzung geben müssen. Und, wie man sich vielleicht denken kann, wird es ein Band sein, der sich speziell auf meine Leidenschaft zum Horror und dem Extremen und morbiden bezieht. *

Sonntagsschizophrenie

Verloren in unbändiger, dämonischer Sonntagsschizophrenie. Aus der Tiefe sind dumpfe Stimmen zu hören. Sie klingen wie Schreie anderer verlorener Seelen, lässt es sich jedoch nicht genau deuten.

Wer mögen sie wohl sein? Kommt jegliche Hilfe für sie zu spät?

Lispeln einer Schlange, verführerisches Flüstern, ferngesteuerte Glieder von fremden Mächten beherrscht. Sie weihen unter uns. Überall. Unsichtbar. Unbändig. Wir sind nur die Sklaven ihrer Mächte.

Einfangen und fliegen lasse

Die Gedanken, sie sind frei. Wie Schmetterlinge schwirren sie im Kopf umher, nachdem sie aus ihrem Kokon geschlüpft sind.

Im Fluge flattern sie durcheinander, eingesperrt im begrenzten Bereich des Schädels. Ruhe kehrt niemals ein, so werden die Gestorbenen von den neu geschlüpften ersetzt und wollen ebenfalls begutachtet werden.

Mit Schmetterlingsnetzen versuche ich sie einzufangen, um sie dann freizulassen, damit sie in die weite Welt hinaus flattern können, aber die Realität gestaltet sich bedeutend schwieriger.

Mit ihrer Pracht entfalten sie ein buntes Wirrwarr, ein mächtiges Feuerwerk an Gedanken bricht los. Wie hell es schimmert, wie laut und wie lange. Nimmt es denn gar kein Ende?

Sie werden akzeptiert, damit sie wieder entschwinden können, bleiben sie oftmals länger als gewünscht.

Kommt herbei, ihr seid jedoch nicht gefangen. Ich werde euch aus der Ferne bewundern, aber nicht einfangen, sondern frei umherschwirren lassen, sodass ihr jederzeit aus freiem Willen wieder fort flattern könnt.

Hinfort mit euch, ihr seid frei. Und ich auch, so schön wie ihr auch euch zeigt.

Unausgesprochen

Sind alle Worte gesprochen, doch nicht ausgesprochen. Alles gesagt, ohne alles gesagt zu haben. Die Wahrheit unerkannt. Rätsel ungelöst.

Verschlossen hinter Schloss und Riegel bleiben sie verwahrt und vegetieren vergessen vor sich hin. Wie verfault verkümmern sie teils für die Ewigkeit in den Kehlen, kratzen für ihre Freiheit, werden sie oftmals nie erhört werden.

Auch wenn im Schatten der Zukunft ihre Bedeutung abflacht, bleibt jedoch ein Fetzen Rest übrig, um das alte Rätsel zu lösen, weil nur das Gegenstück die Antwort zu all den Fragen kennt.

Stattdessen wird totgeschwiegen, was niemals gesagt werden sollte. So wird es niemals gesagt werden.

So weilen sie im Dunkeln der Kehlen, um nie gesprochen zu werden und die Wahrheit auf ewig im Nebel zu lassen. Es könnte so viel Erleichterung geben, würde man sie frei lassen, bleibt der Weg nach draußen oftmals versperrt.

Lebenskleid

Lichter verschwimmen in der Ferne, die Sicht schwach, der Leuchtturm weit entfernt.

Auf rauer See treibe ich auf einem kaputten Floß dahin, in alter Kleidung, so oft schon wollte ich sie ablegen. Verschmutzt und verdreckt wurden sie ein Teil von mir, verschmolzen mit meinem Körper und wurden zur Last.

Hässliches Kleid, dessen Schwere mich immer wieder beinahe ins kalte Wasser runterzieht.

Wo sind sie nur, die ruhigen Gewässer, um wieder klare Sicht zu bekommen. Weit entfernt. Vielleicht so nah.

Einsam treibe ich dahin, das Fernrohr leistet guten Dienst, reicht die Sicht im schwachen

Licht kaum aus, um weit genug sehen zu können, wodurch jede aufkommende Gefahr zu spät entdeckt wird. Werde ich so verdreckt wohl untergehen?

Inneres Gleichgewicht

Das Gleichgewicht im Inneren als Schlüssel zum friedlichen Seins. Im Reinen sein, sich in einer ausgeglichenen Sphäre zu bewegen, erleichtert fortschreitende Wege, öffnet den Blick so klar wie nie zuvor.

Regierendes Chaos vorherrschend, benötigt es einer inneren Säuberung. Eine weite Reise ins tiefste Innere, um sich selbst zu finden, wo von dort aus die Säuberung beginnt.

Tief hinein und noch viel tiefer in den Geist, kein leichtes Unterfangen. Von Erfolg gekrönt kann es nur sein, wenn sich voll und ganz darauf konzentriert wird und man gewillt ist, die Reise wirklich begehen zu wollen. Sich selbst zu finden, bedeutet in die Dunkelheit des eigenen Lebens abzutauchen und sich mit all den finsteren Dämonen auseinanderzusetzen, vor denen man fliehen möchte.

Die Suche nach sich selbst ist nicht ungefähr-
lich, so bahnt sich die Gefahr an, sich angreif-
bar zu machen, wenn man in die Dunkelheit
eintaucht. Der Schritt darin hinein ist ebenfalls
nicht sonderlich leicht und erstmal darin, sollte
klar sein, dass es bei einem Zurück ebenfalls
nicht mehr so sein wird, wie es vorher war. Ver-
änderungen, die notwendig sind.

Wer den Weg ans Ziel findet, wird die Befrei-
ung erfahren. Frei im Inneren, losgelöst von all
den dämonischen Mächten, frei von den Las-
ten, frei von Düsternis.

So entflieht die negative Energie, die Leich-
tigkeit des Seins füllt das Innere. Sich selbst
vergeben, sich selbst Verzeihung geben, sich
selbst akzeptieren und sich selbst erkennen
und kennenlernen. Der Weg führt zum Ziel, so-
lange man auf ihm bleibt auf dieser langen
Reise.

Zukunft neu

Pack den Vodka aus, lass uns reden und doch
nichts sagen, wenn Worte nicht genug wären.
Ein Schluck auf Alles und nichts. Auf das Alte,
auf das Neue.

Schreiben wir die Zukunft neu, solang sie noch nicht geschehen, bis sie uns gefällt. Das Drehbuch soll fortan in unseren Händen liegen, wir sind die Regisseure für unsere eigenen Filme und wählen selbst die Darsteller für unser Set. Es soll zu einem Erfolg werden.

Aus der Quelle schöpfen können

Utopische Welten im Gefühlsjungle reinster Blüte und dornenreichen Stämmen. Irrgarten an Wucher und Gewirr, inmitten sich die Ruhequelle befindend.

Kleinste Bäche aus ihr entsprungen weisen den Weg dahin, geht man gegen den Strom. Sie fließen zu einem See zusammen, wessen Oberfläche im Tal der aufgehenden Sonne zu glänzen beginnt, meilenweit zu sehen.

Heilige Quelle, aus ihr sie zu schöpfen, aus ihr sei die Energie und Kraft mit jedem Schluck spürbar durch die Venen fließen. Möge man noch lange aus ihr trinken können.

Wunsch aus Sehnsucht geboren

Sehnsucht stillt sich an der Brust, des Herzens Wünsche an der Lust. Gut genährt wächst sie stetig voran.

Hauchzarte Melodien einer engelschorgleichen Symphonie erklingen, wie wunderschön sie singen.

Wo ein Schein in all den Schatten, herrschte Dunkelheit, die nun durchbrochen. Vom Diamanten erstrahlt heller Glanz, vom Lichte ausgelöst, weist die Richtung voran, um sich nicht zu verlaufen.

Tattoo

Worte in Bildern, unzählige Geschichten tragen sie in sich, erzählen laut und sind doch so still.

Tief drang die Nadel in die Haut, verpasste ihr Farbe. Das farblose Sein bekam sein Ende. Die Haut als Leinwand zur Kunst, erfüllt von Liebe und Bildern, wunderschön anzusehen.

Bittersüßer Schmerz, eine Liebe bis zum letzten Stich. Entfalte dich in voller Blüte, die Sehnsucht danach tritt schnell wieder ein.

Niemals mehr nackt, trage ich euch bei mir für die Ewigkeit. Mit jedem Blick erfüllt sich das Herz, die Erinnerungen lebendig.

Sprecht bunt und laut eure Geschichten, jeder soll sie hören, jeder soll euch sehen. Eure Schönheit einzigartig, individuell. Es muss nichts das Schönste sein, denn ihr gehört zu mir.

Nie mehr alleine solltet ihr sein, so stach die Nadel erneut zu. Die Zeit war reif, so laut die Rufe, so stark war die Sehnsucht. Neue Geschichten mussten her.

Eine Liebe in Bildern, eine Leidenschaft so tief und ansehnlich. Niemals mehr wegzudenken.

Schaut mich an, euer verführerischer Blick zieht mich in euren Bann. Ihr seid ein Teil von mir, oder bin ich ein Teil von euch und diene nur als Träger der Leinwand?

Eine Liebe nicht weniger tief als unter der Haut. So tief, dass sie ins Herzen mit eingestochen wurde.

Wer erkennt und versteht, sei nicht von Bedeutung, einzig und allein wir sind uns wichtig. Wir wurden einander versprochen, ohne dass wir es wussten. Und plötzlich sind wir auf ewig vereint.

Mit Stolz trage ich euch in die Welt hinaus, es bedarf keinerlei Worte meinerseits, da ihr für euch selber sprecht. Eine Art Ventil, um sich zu äußern, um zu schweigen, um loszulassen, zu gedenken und als Erinnerung.

Nie vergessen soll sein, was ihr in euch tragt. Weswegen ihr geboren seid. Kinder, gemalte Kinder, eingraviert für immer.

Sei gewiss

Still schleicht sich wie ein leise krabbelndes Insekt das Gefühl ein, welch ein Aufflammen der Sehnsüchte mit sich führt. Alte Sehnsüchte, alte Ängste den Sehnsüchten nicht mit Erfüllung gerecht zu werden.

Wo dies Gefühl, da auch die Träume, die den Weg vorgeben. Je stärker, desto klarer der Wille. Träume, die geträumt und erreicht werden wollen, wenn sie erreicht werden können.

Kleine Flammen, die zum Flächenbrand werden, doch sei mit Bedacht der Weg gewählt, bevor in Feinstaub gezogene Grenzen überschritten werden, die sich als fataler Trugschluss entpuppen könnten.

Schmale Grate, die begangen werden. Was ist schon richtig und was falsch. Entscheidet man sich für einen Weg, kann es kein richtig und falsch geben, eher eine Erkenntnis. Dennoch sei es angeraten, gut abzuwägen, was möglich und in welcher Art und Weise. Darauf sei der Weg gewählt, ohne dass es je eine feste Garantie für Erfolg geben würde.

Manchmal ist es besser, nicht unüberlegt sich in den Ozean zu stürzen, bevor man darin droht zu ertrinken, oder wahllos die erstbeste Route ansteuert.

Wo wir sind

Ist die Erde eine Scheibe, oder vielleicht eine Pyramide?

Sprechen wir die Wahrheit, ist sie am Ende eine Lüge?

Glauben wir an die Lüge, um die bittere Wahrheit nicht zu sehen?

Entdecken wir das Licht, sehen wir auch seine Schatten.

Glauben wir blind, täuschen wir uns mit offenen Augen.

Sind wir nur Sterne eines unendlichen Kosmos, Lichtjahre verglüht, bevor wir am Himmelszelt zu sehen sind?

Können wir leben, ohne uns selbst betrügen zu müssen?

Sind wir nur veränderbare Silhouetten?

Schwärze wird man in der Dunkelheit finden.

Was aus des Glaubens Frucht geboren, sei der Nektar des Lebens. Fragen und Antworten, die wir uns selbst geben, um uns zu befriedigen, weil die reine Wahrheit ungesüßt zu bitter sein kann.

Was alles umherschwirrt, wie Motten zum Licht, als würde es nicht das Ende bedeuten. Tausende Dinge, selbst wenn sie unnötig erscheinen, tauchen sie einfach auf und zehren danach ihre Antwort zu kriegen, so erklären wir uns die Dinge selbst und geben uns zufrieden für den Moment, verdrängen so lang wie es geht.

Im Nebel schwindet jeder Gedanke, hinter dem sich auftuenden erlösenden Horizont der Offenbarung. Kalt wird sein blasser Nebelschleier, lässt nicht durch sich hindurch blicken, um ein wenig schicksalhafte Wahrheit zu erhaschen.

So tappen wir weiter im dichten Nebel, vorsichtig tastend nach Antworten, dessen Fragen wie riesige Wellen über uns einschlagen, verschlingen uns in sich.

Angeschwemmt auf einer einsamen Insel, nur bedeckt von Sand und einem alten halb zerstörten Baum, könnten wir vielleicht durch des Schicksals Hand ans Ziel der Antworten gekommen sein.

Am Baume schüttelnd hoffen wir von seinen Früchten etwas einsammeln zu können, doch der Apfel der Erkenntnis vermag nicht zu fallen. War das echt alles an Kräften, oder ist es die Bequemlichkeit sich mit eigenen Antworten zufriedenzugeben, obwohl man den Tatsachen so nah auf seiner Spur ist. Nur noch ein kleines Bisschen mit anderen Möglichkeiten, dann wäre es geschafft, auch wenn die Möglichkeiten rar gesät sein mögen.

In weiteren aufkommenden Wellen geht die Insel im Wasser unter, wie wohl einst das berüchtigte Reich Atlantis mit alle seinen Geheimnissen. Hat es Atlantis je gegeben? Hat es die Wahrheit je gegeben, nach der wir suchen, oder kennen wir sie bereits? Oder ist alles doch nur eine reine Illusion ...?

Ballast

Sorgen fallen wie Laub, schwimmen in reißenden Bächen dahin, nehmen all die Last mit sich, die ungeahnt sich zu einem Monster entwickelten.

Zersplittert wirkt das Ganze wie unzählige Puzzleteile, die sich zusammengefügt haben, obwohl nicht jedes Teil zum anderen passte. Die Konsequenz daraus ein falsches Bild, welches geschickt die Augen täuschen konnte, da sie nicht der Fähigkeit mächtig sind den Trug zu erkennen.

Schaut man doch genauer hin und schneidet man einzelne Teile passend zurecht, ergibt sich schnurstracks ein besseres Bild. Rund herumschweift der Blick, die Schönheit um uns herum nicht mehr verkannt. Viel zu oft wurde es nicht wahrgenommen, von wie viel Schönheit wir umgeben sind, so sehr wurden unsere Augen getäuscht und erblindet für den weiteren Blick.

Wo eine Blüte ihren Glanz erhebt, sollte nicht nur ihre Schönheit geachtet werden, auch ihr allgemeines Bestehen bedarf Würdigung.

Betrachtet man die Schönheit in seiner vollen Blüte, sind auftretende Gedanken nur eine Nichtigkeit, die abgelegt werden kann. Die Natur entfaltet ihre Kräfte und gibt uns, was wir brauchen, nehmen wir es an. All der Glanz, der uns ins Auge sticht, muss nur betrachtet werden.

In all seinen Facetten und Farben bietet es sich uns an, wieso dies nicht zu schätzen wissen, wo es so viel geben kann.

Auf den See starrend schwindet alles, was kurz vorher noch umtrieben war. Alles verschwimmt, alles Schlechte hat für den Augenblick keine Relevanz.

Skelette an Erinnerungen

Grabe im Garten der Erinnerungen. Freigelegt, wie Skelette, liegen sie vor mir. Einzelne Fetzen geben noch ein ausreichendes Bild wieder, ihr Zustand Ausdruck dessen, wie lange sie schon begraben sind.

Sollen sie weiter schlummern, bis sie einst ganz vergehen in der Hoffnung, dass sie irgendwo dennoch noch existieren.

Nur ein Traum

Aus dem Traum entrissen, wie echt er erschien und doch noch träumend. Ein Traum im Traum, im Traum, im Traum. Was ist wahr und was ist falsch, was wollen sie mir sagen? Ein Blick in die Zukunft, oder ins Herzen hinein?

Schweißgebadet erwacht, alles soll wie vorher sein. Was war es nur, so schwach die Erinnerung daran, doch wird es seinen Sinn hoffentlich eines Tages offenbaren.

Geschenk der Zeit

Wer sind wir, um zu sagen, dass manches Zeit hätte es zu erleben. Wer sind wir, um den Zustand der Zeit beurteilen zu können. Wer sind wir, um festzulegen, was wir wann und wie tun, mit welchen Rechten. Wer sind wir, um zu wissen und zu entscheiden, was richtig und was falsch ist.

Stehen wir uns zu oft selbst im Weg, bis die Zeit, von der wir glaubten, es sei genügend vorhanden, abgelaufen ist. War mancher Gedanke einfach zu viel, der uns die Zeit geraubt, oder waren wir im Denken so naiv, dass wir an ausreichend Zeit fälschlicherweise glaubten?

Wer sind wir, dass wir uns die Dinge so hindrehen, wie sie für uns wünschenswert sind, womit andere den Schaden nehmen. Verschwenden wir damit auch nur unnütze Zeit, da die Tatsachen, sich ans Tageslicht kämpfen wird.

Vielleicht sind wir nur das, was wir glauben zu sein.

Obliegt es uns nicht, das Geschenk der Zeit, das Geschenk des Lebens zu nutzen, statt im höchsten Maße verschwenderisch damit umzugehen. Viel zu sehr sehen wir uns damit beschäftigt Zeit zu verlieren, wo es keinerlei Zeit zu verlieren gilt. Erkennen wir es erst zu spät.

Wer sind wir, dass wir die Zeit überhaupt für uns beanspruchen.

* Nutze die Zeit, lebe im Moment, im Hier und Jetzt, die Zeit kommt nicht zurück. Gar nicht so einfach, so schnell, wie sie vergeht und ehe man sich versieht, ist sie so weit fortgeschritten, wo man sich hinterher fragt, wo sie abgeblieben ist. Viel zu viele Nichtigkeiten, zu viel Warten, zu viel Unnützes. Es gibt also keine weitere Zeit zu verlieren. *

Hinter den Spiegeln

Spieglein, Spieglein an der Wand ... Was mag hinter dir versteckt liegen? Nichts? Eine wirklich existierende Spiegelwelt, eine Art Paralleluniversum? Oder doch Bloody Marys Reich?

Liegt hinter den Spiegeln ein verborgenes gefürchtetes Exil, ausgelöst durch einen wahnsinnig mächtigen Fluch? Einmal dort gefangen, würde es da überhaupt wieder ein Entrinnen geben? Und was würde mit unserem Körper passieren, wenn unsere Seele hinter den Spiegeln eingesperrt wäre? Vermutlich würde er weiter auf Erden wandeln, ohne Seele, bis er einen Tages dem Tode stirbt, während unsere Seele auf ewig verloren in der Spiegelwelt gefangen wäre. Trauriges Schicksal. Ist es unabwendbar? Vielleicht, vielleicht auch nicht. Wissen wird nur, wem dieses Schicksal ereilt.

Perfekt unperfekt

Baustellen des Lebens, Fragmente eines Daseins, Lügen über das eigene Leben, erstickter Glaube, toter Hoffnungen.

Wo der Spaten sticht, wird das Fundament errichtet. Monumente des Seins aus eigener Hand erschaffen, soll es wie ein Königreich ewig währen.

An allen Ecken und Enden gibt es Arbeit, nie ruhen die Baustellen still. Ob sie fertig werden, ist ungewiss, bedarf es gleichermaßen regelmäßiger Reparaturen.

Rückgängig

Was wäre, wenn man etwas in seinem Leben aus der Vergangenheit ändern könnte. Sei es ein Fehler, einen Menschen, den man traf, bewusst nicht treffen, eine Entscheidung, ein Moment und vieles mehr. Was wäre, wenn man diese Fähigkeit besitzen könnte und sei es nur für dieses eine Mal.

Eine einfach nette Vorstellung, die jedoch tiefgründig verzweigt ist, dass darüber ewig philosophiert werden könnte.

Bestünde diese Möglichkeit, hätte das weitreichende Folgen und Konsequenzen für jedes Leben auf der Erde! Für jedes Leben, der Gegenwart und auch der Zukunft. Würde es angenommen jeder Mensch auf Erden tun können, würde sich entsprechend alles milliardenfach mal verändern.

Würden wir es jedes Mal mitbekommen, oder nicht? Wie würde es sich anfühlen? Ich will mir gar nicht ausmalen, was für fatale Folgen noch entstehen könnte, wie beispielsweise entstehende Risse im Zeitkontinuum.

Dieser Gedankenstrudel bietet dafür optimale Bedingungen für eine Selbstreflexion. Denn, aus all dem, was wir erleben, was uns widerfährt, können wir etwas mitnehmen. Wozu also etwas in der Vergangenheit ändern, wenn man stattdessen durch all die Erkenntnisse die Zukunft anders gestalten kann?

Die Folgen einer Veränderung in der Vergangenheit könnte dazu führen, dass sie Zukunft vielleicht noch schlimmer wird. Von Mensch zu Mensch unterschiedlich, doch würde es sich Millionen oder Milliarden mal verändern, würde jedes nur erdenkliche Szenario zuhauf eintreten. Immer und immer wieder etwas anders. Wie in einer Endlosschleife verändert sich die gesamte Zukunft.

Zum Glück bleibt dies nur ein Gedanke. Unter ausreichend Möglichkeiten, die man auswählen könne, wofür sollte man sich da entscheiden? Richtig und falsch würde es wohl kaum geben. Wie sich die Zukunft verändert, wäre ungewiss. Nur eine einzelne veränderte Sekunde würde das gesamte Geschehen von diesem Moment an verändern.

Würden wir uns dem bewusst sein, in der Vergangenheit zu sein, um jetzt was zu ändern? Oder befinden wir uns zweimal da? Was würde dann passieren, vor allem, wenn man sich selbst begegnet? Würde sich nicht direkt nach Ankunft in der Vergangenheit in der ersten Sekunde etwas verändern? Es dürfte kein Schritt auch nur einen Millimeter verschoben sein, denn auch damit würde rein theoretisch sich alles verändern. Direkt nach der Ankunft, würde man sich wohl im Klaren darüber werden, dass es geklappt hat und daraufhin wäre nichts mehr so, wie es eigentlich geschah. Oder können wir von außerhalb die Veränderung steuern, als hätten wir bei einem Genie ein Wunsch frei? Wohl kaum.

Aber, es braucht weder Veränderung in der Vergangenheit noch irgendwelche Wünsche. Die Vergangenheit zeichnet uns aus. Sie schmückt uns auf verschiedene Art und Weise. Ihre Geschichten sind es, die wir erzählen, aus deren Erfahrungen wir lernen und weiterkommen.

Auch wenn die Atlanten auf unseren Schultern schwerer werden, so können wir letztendlich froh sein nicht in das Vergangenheitsgeschehen eingreifen zu können.

Was würdest du verändern? Oder, ist es doch besser, dass alles so kommt, wie es kommt, weil es so kommen sollte?

* Ich liebe solche Gedankenspiele. So tiefgründige Gedanken führen zu wunderschönen tiefgründigen Gesprächen und sorgen immer wieder für eine kleine Auszeit aus dem tristen Alltag.

Ich pflege gerne zu sagen, dass ich alles wieder genauso machen würde, weil ich keine Zukunft möchte, die sich schlimmstenfalls als dramatischer darstellt. Alles, was mich im Leben ausmacht, ist, dass alles was passiert ist mich zu dem gemacht hat, was ich bin.

Natürlich gibt es unzählige Dinge, die ich durchaus rückgängig oder verändern würde, wobei das Schöne ist, dass sie hinter mir liegen.

Wozu sie dann noch verändern? Es ist gut, dass es vorbei ist, egal, was sie in der Zukunft gebracht haben.

Dennoch, solch ausschweifende Gedanken sind immer wieder interessant und für solche Gespräche bin ich immer zu haben. *

See der Tränen

Im See der schwarzen Tränen liegt die erloschene Glut verbrannter Seelenstücke.

Hinter Wald und Wiesen, Zweigen und abgebrochenen Rindenstücken, verbirgt sich ein unbekanntes Areal verlorener Qualen, verdeckt von auf dem See treibenden Schutt.

Niemandsland verlorener Geister und Seelen, welche hier begraben sind. Stumm tragen sie ihre erlittenen Qualen in die Tiefe, verschlossen werden sie ein ewiges Geheimnis bleiben. Nur die Tränen wissen um die Antworten.

Wie viele sind wohl schon in die Tiefe gesunken ... Tausende. Millionen. Eine bitterer als die andere.

Testament

Ich schrieb mein Testament, doch bleibt es weiter unverlesen.

Früchte ernten können

Mögen die Früchte des Lebens am Baume ihre Reife erfahren, um gepflückt zu werden.

Die Tristesse sich lange genug wie ein Schleier ums Haupt schmiegte, muss abgelegt werden, um wieder Frohes zu erfahren.

Welch Schwere der Eisenketten um den Hals erdrückend wird, ist keine Erleichterung in Sicht. Da kommt es gelegen, wenn die zusätzliche Hässlichkeit all des tristen schwindet.

Vielleicht ist es der Weg aus dem Irrgarten des Labyrinths, der Ausgang so nah, neue Wege nicht weit entfernt. Eine andere Welt, die außerhalb liegt, wie lange darauf schon gewartet wird es endlich an der Zeit sie durch den Ausgang zu betreten.

Erblüht, süße Früchte, eure Ernte ersehnt. Bringt die Kraft in euch mit, um endlich entkommen zu können.

Im Schutze der Dunkelheit

Wir laufen über Scherben, bis uns die Füße bluten, nur um nochmal intensiv das Leben zu spüren. Doch spüren wir nichts, sind schon zu lange ausgeblutet.

Wie blasse Vampire auf der Jagd im Schutze der Nacht, auf der Suche nach neuer Lebensquelle. In dunklen Gewändern streifen wir unentdeckt in der Dunkelheit. In der Ferne ertönt der Glockenturm.

Welk sei des Lebens Blüte, im Lichte des Geistes bleibt nur die Erinnerung übrig.

Gefühlloses Unterfangen, ein Dasein im kalten Nichts, doch wäre die Erlösung dessen nur das Tod bringende Licht.

Suche nach dem Gral

Auf der Suche nach dem heiligen Gral pflastern knöcherne Überreste die Pfade. Endlose Reste von alten Tagen. Mit jedem Schritt erklingt ein Knacken, Sinnbild vergangener Jahre.

Lieblose leer starrende Schädel erwecken den Eindruck, mit ihren leeren Augenhöhlen zu verfolgen. Ihre leicht geöffneten Münder bleiben weiter stumm. Was sie wohl nur sagen würden ... Endlose Suche nach dem Elixier, was bisher niemand fand.

Gossenblues

Aus der Gosse regnet es Scheiße, auf Asphalt trocknet Blut. Egal, wie oft der Boden geküsst wird, nur wer immer wieder aufsteht, hat die Chance zu gewinnen. Wer liegen bleibt, hat schon verloren.

Die Straße fragt nicht danach, ob das Leben leicht ist. Man muss mit der Straße leben. Man muss die Straße sein.

Hinter den Fassaden

Zwischen Illusion und Wahn wird die Realität verschleiert. Schönheitsideale als falsche Bilder für die Augen aller Welt.

Was ist noch echt in dieser Welt, werden wir zu oft betrogen? Ist das die neue Welt, so möchte ich erblinden. Diesen Anblick kann ich kaum ertragen, das Natürliche schwindet und was das Auge schön begehrt, könnte gelogen sein.

Überall, wohin man sieht, unzählige Illusionen, hat die Menschheit vergessen sich selbst zu schätzen, wie sie einst war. Jeder kleine Makel ausgemerzt und überschminkt, so offensichtlich, doch wer nicht glauben mag, schaut nicht genauer hin.

Äußerlich verschandelt, weil im Inneren etwas kaputt ist, will das niemand wirklich erkennen.

Falschen Idealen nachgetrauert, die eigentlich niemals existierten, nie erreicht werden können. So brechen die kleinen Herzen entzwei, viel zu jung sie oftmals sind, wollten sie doch auch schön sein.

Könnte man doch so schön sein, was gäbe man dafür. Geld spielt keine Rolle, das Werk noch nicht vollendet. Zum Ideal fehlt etwas, wieder muss das Messer ran.

Welch Schandflecke in dieser Welt, Vorbilder keine Vorbilder sind, doch ihnen nachgeeifert wird, sind sie selbst doch so unecht. Unter der Fassade zeigt sich das wahre Ich, was niemand sehen soll.

Liebe Kinder, gebt gut acht, nicht alles was glänzt ist auch aus Gold. Der Schein trügt, wohin ihr seht, das Internet das beste Beispiel. Alles Fake. Falsche Ideale, nicht existent, Augen auf, hingeschaut, damit ihr es erkennt.

Ekelhaft ist diese Welt geworden, die Natürlichkeit stirbt aus. Die wahre Hässlichkeit der Welt in euren Gesichtern, bei euren Körpern sichtbar.

* Ich persönliche finde die ganzen künstlichen und mit Tonnen von Schminke in der Fresse laufenden Gestalten als zunehmendes Problem in dieser Welt, da immer mehr völlig falsche Signale gesendet werden und das Natürliche immer mehr in den Schatten rückt.

Wahre Schönheit kommt von innen! Die Äußerlichkeit sollte nicht die größte aller Rollen spielen! *

Chaosregentschaft

Auf dem Weg zur Perfektion irgendwo falsch abgebogen, wollte ich nie perfekt sein, strebte nie danach.

So perfekt unperfekt, wie perfekt das ist. Perfektion nur eine Illusion, ausgedacht von Menschen, die ihre eigene Unzufriedenheit verbergen wollen.

Wie schön es ist nicht perfekt zu sein, nicht danach zu streben, doch immer zu etwas Besserem hinarbeiten zu können.

Das Leben schreibt seine eigenen Regeln, doch ich halte mich nicht daran. Lasse das Chaos regieren, wie perfekt unperfekt sein ist.

So still ruht der Geist

Harfenklänge in der Nacht erhellen die Stille. Geigen spielen ihr zahmes Lied, jede Saite zart gestrichen, um die schönsten Melodien ihr zu entlocken.

Der schwache Geist entschwindet, lässt sich von den Klängen treiben. So frei für einen

Augenblick fliegt er dahin, bevor in sein vorübergehendes Gefängnis zurückkehren muss.

Laternen flackern an den Straßen, die Stadt ruht vor sich hin. Schaurig ruhig, einer Geisterstadt gleich.

Leise Stimmen hinterlegen die leisen Melodien. Wie wunderschön ihr Summen klingt. Jedes Summen wie ein unausgesprochenes Gedicht und doch wird es verstanden. Eine Art geheime Sprache, die nicht für jedermann bestimmt ist.

Wo es auch herkommt, es erfüllt seine Zwecke. Spielt euer Lied, es wird ihm gelauscht. Führet hinfort, ganz gleich wohin.

Atlantis

Versunken, in der Tiefe verloren, kein Weg daraus zurück. Zu stark waren diese Fluten. Das Herz ertrunken in den Wellen, zu viel Wasser geschluckt, das Schicksal nicht aufzuhalten. Atlantis, Perle der Meere, Symbol all der Untergänge.

Sind unsere Untergänge je ohne Chance, wieder aufzutauchen? Gewiss nicht. Auch wenn die eisigen Fluten uns überkommen und uns in sich verschlingen, lernen wir unter Wasser zu atmen, bis wir wieder über der Oberfläche treiben. Wenn Atlantis nie versunken sei, nie existierte, dann werden wir auch nie so weit untergehen, dass wir in der Tiefe der Meere verloren sind.

Unter dem Meeresspiegel, so viele Seelen, eine von verkommener Gestalt, die Nächste schon mit mehr Ansehen. Vielfalt, wohin man auch sieht. Die Parallelen sind fließend.

Frisch die Meere unter der Oberfläche, je tiefer man kommt, desto dunkler und kälter wird es. Nur nicht zu weit sinken, bevor man doch noch erfriert. Kleine Lichter von Fischen schwirren umher, brechen die Dunkelheit. Sich ihrem Schwarm anzuschließen, eröffnet neue Weiten im Meer.

Auch wenn die Suche nach Atlantis eher zwecklos ist, danach zu suchen in all der Tiefe kann durchaus nützlich sein. So viele Fische kreuzen den Weg, so viele Wracks zeigen eine noch viel düsterere Seite des Ozeans auf, so viel zu sehen, schön und furchtbar. Alle Facetten finden sich dort wieder.

Dem Schwarm folgend schwimmen wir gemeinsam zurück Richtung Oberfläche. Das Land ist eher unser Gebiet, auch wenn wir ungeplant selbst in die Tiefe sanken. Hinab in von Eisbergen versehen Gebieten, voller antarktischer Kälte umgeben, dem Erfrieren so nahe, haben wir es überlebt. Selbst ins Wasser stürzende gewaltige Eisbrocken konnten uns nichts anhaben. Sie verfehlen uns. Das Glück war uns hold. Ein Zeichen.

So oft wir auch in der Tiefe treiben, werden wir die Oberfläche nie aus den Augen verlieren. Wie Atlantis werden wir zur Not weilen, bis wir eines Tages doch entdeckt werden, oder auf ewig ein Mythos bleiben und trotzdem gesucht werden, als seien wir ein Rätsel.

Haltestelle, am Ende der Welt

Hinaus in die Weite. Mit dem Zug fort, Endhaltestelle, das Ende der Welt. So weit wie es nur geht, um alles zu entdecken, was es zu entdecken gibt. Viel zu wenig kennen wir diesen Planeten, auf dem wir leben.

Ein Schild heißt uns willkommen, dass das Ende der Welt beginnen lässt. Kleines Café, sehr einladend. An der Theke sitzend und in den Kaffee starrend, Zeit nur noch als Illusion, bevor es dann weiter geht. Weiter als das Ende. Oder war es das schon?

Zu Fuß weiter als je zuvor. Wohin die Füße uns auch tragen würden. Irgendwo hinter dem Nebel. Irgendwo ins Nimmerland. Irgendwo in eine Welt, wo kaum ein Mensch je gewesen ist. Kein Zurück, hier soll die Freiheit leben. Hier soll die Erkenntnis des eigenen Seins seine Früchte tragen, von denen wir nur zu gerne probieren möchten.

Gibt es das Ende der Welt? Nur eine schöne Fiktion? Eine schöne, wundersame Legende, wie Atlantis? Wer nicht sucht, der nicht findet. Je weiter man fortschreitet, dorthin, wo man nie gewesen, über alle Grenzen hinaus, desto mehr wird man entdecken und desto größer die Chancen, etwas zu finden, nach dem man vielleicht nicht gesucht hat.

Was uns auch erwartet, dem Leben immer mehr entgegen. Nur dieses eine Leben, wozu es verschwenden.

Alles einsteigen, die Fahrt geht los. Lasst uns dabei sein. Ein Leben für die ewige Suche, nach etwas, wovon wir nicht wissen, ob wir es finden, aber wissen, dass wir definitiv etwas finden werden.

Endhaltestelle: Das Ende der Welt. Herzlich willkommen. Ihr seid am Ziel. Bleibt, hier steht die Zeit still.

Nachwort

Welch eine schöne Reise für mich selbst, in alte Ausführungen. Von vor einigen wenigen Jahren, bis heute versammeln sich kleine Ausführungen in diesem Buch. Ich liebe sie nach wie vor und es macht mir ungeheuer Spaß, sie mit euch zu teilen.

Ein Hobby, welches nun endlich mit diesem Buch zum ersten Mal so richtig ausgelebt wird. Es erfüllt mich selbst mit Stolz!

Einige von euch kennen viele der Ausführungen in diesem Buch ja bereits, zumindest ein Stück weit. Ich habe versucht die rauszusuchen und zu bearbeiten, die mit am relevantesten sind.

Für die Neuen unter euch, ich hoffe, dass ihr euch das ein- oder andere Kapitel rausziehen konntet und für euch mitnehmt und den manch einen Gedanken mehr verliert. Pflückt euch ungeniert die Teile heraus, die für euch relevant sind.

Das Leben schreibt seine Geschichten, bei jedem einzelnen Menschen. Tag für Tag. Es gibt so viel zu sagen, so viel zu erzählen und sie in diesem Gewand zu präsentieren empfinde ich seither schon immer nochmal mehr besonders, da sich über direkte Worte weniger Gedanken gemacht werden und sich so die Kreativität natürlich mehr erstreckt. Ja, jeder kann mit irgendetwas kreativ sein und ich liebe es nach wie vor in dieser Form zu sein.

Nach etlichen Jahren habe ich mir nun endlich selbst den Wunsch erfüllt ein Buch zu machen und zu veröffentlichen. Die Ideen waren über die Jahre so vielfältig, dass sich sie an etliche Autoren hätte verkaufen können. Und dann überkam mich diese Idee und endlich war ich angekommen und gefesselt darin, dass dies das Debüt werden sollte. Ich könnte mir auch kein besseres Debüt als dieses vorstellen.

Ich denke, dass sich jeder irgendwo hier wiederfindet, da es ja auch um Themen wie Tod, oder Erinnerungen geht. Es sind Dinge, über die viele Leute nicht unbedingt sprechen können oder wollen, das müssen sie auch nicht. Jeder geht mit gewissen Themen anders um und hier steht es ja nur geschrieben und zur Not überspringt man die Sachen eben.

Um auf die Frage einiger noch zu kommen, die mir im Laufe der Jahre immer wieder gestellt wurde: Ja, ich schreibe meine Texte alle selbst! Es gibt da draußen unzähliges, was eins zu eins übernommen wird und jeder das Gleiche vom sich stammelt, aber das war nie mein Fall. Das ist nichts Eigenes, das drückt nicht das aus, was man selbst sagen möchte. Meine Sachen habe ich nie kopiert und werde ich auch in Zukunft nie tun!

Ich hoffe, es konnte dich ein Stückchen mitnehmen und du siehst, keiner ist mit irgendwas alleine! Und selbst, wenn es für dich eine kleine

Auszeit war hier zu lesen, freut mich das unglaublich sehr!

Des einen Freud, des anderen Leid, oder auch nicht, es wird weitergehen und einiges kommen. Sowohl im Internet als auch in dieser Form ist einiges geplant!

Danksagung

Ich danke dir, lieber Leser, dass du dieses Buch gelesen hast!

Ich danke allen, die ich im Laufe meines Lebens kennenlernen durfte! Für all die Gespräche, Inspirationen, das Vertrauen für tiefgründigste Geschichten (Es gibt nichts, was ich nicht schon irgendwie von irgendwem gehört hätte) und Unterstützung in all den Jahren!

Ich danke meinem Papa dafür, dass er mir quasi die entscheidende Idee mit seinen Worten: - Wenn du noch wüsstest, was du damals dachtest, könntest du daraus ein Buch machen – geliefert hat. So ungefähr habe ich es ja ungesetzt.

Ich danke jeden Einzelnen da draußen für die Feedbacks zu Beträgen all die Jahre und denen, die mich schon lange begleiten! Auf viele Jahre mit euch!

Impressum

Bibliografische Information der Deutschen Natio-
nalbibliothek:
Die Deutsche Nationalbibliothek verzeichnet diese
Publikation in der Deutschen Nationalbiografie; de-
taillierte bibliografische Daten sind im Internet
über http://dnb.dnb.de abrufbar.

Herstellung und Verlag: BoD - Books on Demand,
Norderstedt
Coverdesign und Layout: Remo Valentin Zynik

ISBN: 9783734777110